Prima edizione: dicembre 2014
First edition: December 2014
© 2014 Brancato Multimedia S.r.l.
Tutti i diritti dell'opera sono di proprietà esclusiva degli autori
All copyrights are held by the authors

Ideazione, grafica e impaginazione / Concept, graphic design and layout: Domenico Patané
Progetto / Project: Domenico Patané, Mirella Turco
Testi scientifici / Scientific text: Domenico Patané, Boris Behncke
Poesie e revisione testi / Poetry and text editing: Mirella Turco
Foto / Photos: **Boris Behncke, Domenico Patané, Turi Caggegi, Alfio Amantia, Francesco Ciancitto,**
        Massimo Cantarero, Marco Aliotta
Foto prima di copertina / Front cover photo: Turi Caggegi
Traduzione / Translation: Stephen Conway, Boris Behncke

**Questo volume è stato realizzato con il contributo dell'Istituto Nazionale di Geofisica e Vulcanologia (INGV),
dell'Università di Granada, dell'ACOSET S.p.A., della L & R Laboratori & Ricerche S.r.l., Neri S.r.l.,
Lachea Tour S.r.l. e Technoside S.r.l.**
This book was produced with the contribution of the National Institute of Geophysics and Volcanology (INGV),
University of Granada, dell'ACOSET S.p.A., della L & R Laboratori & Ricerche S.r.l., Neri S.r.l.,
Lachea Tour S.r.l. and Technoside S.r.l.
La stampa del volume è stata sponsorizzata dalla Funivia dell'Etna S.p.A.
Printing was funded by Funivia dell'Etna S.p.A.

Stampato da Peruzzo Industrie Grafiche S.p.A. - Mestrino (Pd)
per conto di Brancato Multimedia S.r.l.
Printed by Peruzzo Industrie Grafiche S.p.A. - Mestrino (Pd)
on behalf of Brancato Multimedia S.r.l.

Domenico Patané, Mirella Turco, Boris Behncke

Etna cuore del Mediterraneo

Natura Scienza Poesia

Etna - Heart of the Mediterranean

Nature Science Poetry

Brancato Editore

Sommario - Contents

Domenico Patané   Mirella Turco   Boris Behncke

Etna cuore del Mediterraneo

Un imperativo categorico, dolce e forte al contempo, come soltanto una passione può essere, aveva rapito i nostri cuori.

L'Etna ci aveva fatto incontrare, aveva fuso fotografia, poesia, vulcanologia in un unico progetto: far conoscere le nostre emozioni, e quelle del vulcano, trasmettendole a chiunque avesse creduto nei nostri valori. Due uomini e una donna, due siciliani e un tedesco, si sono incontrati sulle pendici della montagna. Il caso è grande maestro di scienza, accadimenti, coincidenze, fatti e illusioni che trovano il crocevia dove l'anima si sente libera. Eccoci qui, dunque, per narrare il cuore pulsante di un corpo in continua evoluzione vecchio di circa 500.000 anni, il "sangue" rosso che lo alimenta, la sua forza distruttiva, la sua crescita e le sue dimensioni che variano nel tempo, testimonianza che il nostro pianeta è vivo. Già, perché il vulcano Etna, chiamato "Mungibeddu" o anche "A Muntagna", racchiude in sé la forza vitale della terra alla quale dobbiamo una intera esistenza. Nella nostra ricerca, abbiamo voluto accomunare scienza, racconti e immagini per soddisfare il palato dei nostri raffinati conterranei, di quelli d'oltralpe e d'oltreoceano. Inevitabilmente: l'Etna appartiene all'umanità e noi ci onoriamo di albergare fra le sue braccia. Abbiamo anche il dovere, e il piacere, di partecipare la sua esistenza ai pochi che non lo conoscono, ai molti che vorrebbero approfondirne aspetti particolari, ad alcuni che ne ripercorrono sentieri e dirupi alla ricerca del proprio io. Il vulcano partecipa delle ansie dei contadini e degli abitanti, annusa gli inebrianti effluvi di aromi e fragranze della terra, dell'aria, dell'acqua e del vento. Il vulcano si ciba delle malinconiche nenie di chi ha perso un amato congiunto e di chi ha sfidato le leggi della natura. E sempre, in ogni istante, è accanto a noi, fino al mare di salsedine e di lacrime che talvolta sgorgano dagli occhi delle madri. Si comporta da padre, lui, così austero e temuto, riverito e ammirato, caposaldo millenario della nostra fede. Chi crede, infatti, nella sua esistenza primordiale e in divenire, accetta di buon grado i suoi capricci, trasforma le batoste ricevute in ineluttabili flagelli pensando che "altri" li hanno permessi, non lui.

La narrazione segue l'andamento delle stagioni e dei quattro elementi della natura che tanta parte hanno nel mutare e nel segnare il cammino della nostra vita, ma anche di quella del vulcano. Sì, perché di cammino si tratta e non di statico esistere nella mappa geologica del pianeta.

Etna - Heart of the Mediterranean

A keen urge, enticing and potent at the same time, as only real passion can be, had taken hold of our hearts. It was thanks to Etna that we met. It had helped bring together communication, photography and volcanology into one single project, namely to share our emotions and those of the volcano and pass them on to whoever might believe in similar values. Two men and one woman, two Sicilians and one German, on the slopes of the mountain. Chance is the grand master of science, events, coincidences, facts and illusions which come to a crossroads where the spirit may feel at liberty. So here we are then, to tell you of the pulsating heart of a body in constant evolution, about half a million years old, to tell of the red "blood" feeding it, its destructive power, its growth and its dimensions changing in time: all evidence that our planet is very much alive. Because Etna volcano, locally called "Mungibeddu" or "a Muntagna", embodies the vital force of the Earth, to which we owe our existence. We have sought to combine science, narrative and images to meet the tastes of our cultured compatriots, those living beyond the Alps as well as those from overseas. Rightly so, because Etna belongs to humanity, and we have the privilege of dwelling in its arms. We also have the duty and the pleasure to share its existence with the few who may not know it, with the many who would like to understand its unusual aspects in greater depth and with those who walk its paths and explore its precipices perhaps to discover their inner selves. The volcano shares the fears of the farm workers and of the inhabitants; it diffuses the intoxicating scent of the earth, air, water and wind. It feeds on the melancholic lullabies of those who have lost a loved one, those who have challenged the laws of nature. And always, at each moment, it is close to us, even as far as the sea of salty air and tears that mothers sometimes weep. It behaves like a father, austere and feared, revered and admired, the millennial bastion of our faith. Indeed, those with faith in its primordial existence and evolution willingly accept its capricious nature and transform its blows into inevitable scourges. Perhaps thinking that "others" have authorised them, but not Etna.

The story follows the course of the seasons and the four elements of nature that play such a major part in altering and marking the paths of our life, but also of that of the volcano. For it truly is a path rather than a static existence on the geological map of the planet.

L'Etna Patrimonio dell'Umanità

L'Unione Internazionale per la Conservazione della Natura (International Union for Conservation of Nature, IUCN), l'agenzia incaricata di esaminare le proposte d'iscrizione alla World Heritage List (Lista del Patrimonio dell'Umanità), si è pronunciata nell'aprile del 2013 a favore dell'ingresso dell'Etna tra i siti della Lista, valutandolo quale "esempio particolarmente rilevante per le grandi ere della storia della terra e dei processi geologici in corso".

Il Parco dell'Etna e il Ministero dell'Ambiente si sono impegnati per patrocinare la candidatura, consapevoli dell'importanza di coniugare la valorizzazione del territorio con la tutela dell'ambiente.

Dopo la riunione del Comitato Unesco per la sessione annuale, tenutasi a Phnom Penh (Cambogia) il 21 giugno 2013, l'Etna è stato dichiarato Patrimonio dell'Umanità.

http://whc.unesco.org/en/list/1427

Etna World Heritage Site

The International Union for Conservation of Nature, IUCN, the organisation entrusted with examining proposals for the World Heritage List, decided in favour of including Etna among the sites on the list, deeming it "an outstanding example of ongoing geological processes and volcanic landforms".

The Etna Natural Park (Parco dell'Etna) and the Ministry of Environment were engaged in sponsoring the candidacy, mindful of the importance of combining the appreciation of the territory with the protection of the environment.

Following the annual meeting of the UNESCO committee in Phnom Penh (Cambodia), Etna was declared a World Heritage Site on 21 June 2013.

Mediterraneo

Il cuore del Mediterraneo pulsa forte, in quella coppa primordiale colmata dal furore e dalla forza del vulcano.

Tanti piccoli uomini sono diventati grandi ai suoi piedi, in ginocchio per le avversità, risollevati dal fiero retaggio degli avi. Alcuni sono volati via, pronti a spargere il seme della genialità.

I secoli hanno divorato giorni e giorni, uno dopo l'altro, lasciando infinite tracce del loro passaggio, qui e là, testimoni muti dell'affanno e della gloria, della preghiera e della disperazione.

Si sono forgiate armi insieme ai caratteri impetuosi, duri, giocosi. Rovine, castelli, manieri hanno accolto visitatori d'ogni dove, conquistatori e saccheggiatori, anime eccelse e menti divine.

Mediterranean

The heart of the Mediterranean beats strongly. It pulsates in that primordial cauldron filled by the fury and power of the volcano.

So many small men have become great at its feet, on their knees to adversity, lifted up again by the proud heredity of their ancestors. Some have flown away, ready to spread the seed of geniality.

The centuries have devoured the days, one after other, leaving endless traces of their passage, here and there, silent witnesses of breathlessness and glory, of prayer and despair.

Arms have been forged, together with impetuous, hardened and good-humoured natures. Ruins, castles, country manors have welcomed visitors from every quarter, conquerors and looters, sublime spirits and divine minds.

Se guardiamo il pianeta Terra e l'area del Mediterraneo, ogni promontorio, qualsiasi rientranza delle coste, i fiumi, i laghi, le montagne, i vulcani, tutto ci sembra a posto, come se ci fossero sempre stati. Eppure non è così: duecentomilioni di anni fa il Mediterraneo e l'Italia non c'erano! Anche loro sono nati dall'unico grande continente, chiamato Pangea, in balia del Panthalassa, grande oceano che comprendeva il mare della Tetide.

Forze estreme hanno spinto, sgretolato, diviso, masse enormi di terre e oceani per regalarci oggi i cinque continenti.

Se duecentomilioni di anni fa avessimo posato lo sguardo sul Mediterraneo, invece che l'Italia avremmo visto un oceano profondo, la Tetide. Ci chiediamo allora stupiti come sia potuto accadere che tanta bellezza sia sorta dalle acque come una sirena soltanto quando la forza dell'Africa ha spinto in avanti una terra che non era ancora uno stivale schiacciandola verso l'Eurasia.

Che dire poi del minuscolo puntino, ancora non triangolare, parte dell'Africa, oggi chiamato Sicilia? Il puntino divenne triangolare e i popoli si avvicendarono nei millenni alla conquista dei territori compresi fra i tre promontori di Lilibeo, Peloro e Pachino.

If we look at the planet Earth and at the Mediterranean area, every promontory, every indentation of the coastline, the rivers, lakes, mountains, volcanoes, everything seems to be in its place, as if they had always been there. Yet it is not so: two hundred million years ago the Mediterranean and Italy were not there! They too were formed out of one huge continent called Pangea, at the mercy of Panthalassa, the great ocean that included the Tethys Sea.

Tremendous forces drove, ground down and divided huge masses of land and oceans to give us the five continents we have today.

If we were to set our eyes on the Mediterranean two hundred million years ago, instead of Italy we would have seen a deep ocean, the Tethys.

We wonder how it was possible that so much beauty could arise from the waters like a mermaid, by the force of Africa alone that pushed forward a land that was not yet a 'boot' and squeezing it towards Eurasia. What to say then about the tiny dot, not yet triangular, a part of Africa, now called Sicily? The dot became a triangle and people took turns over the millennia to conquer the territories between the three promontories of Lilibeo, Peloro and Pachino.

Chiamata Triscele, Triquetra, Trichetria, Trinacria, emersa dal blu mediterraneo che la proteggeva e al tempo stesso la offriva ai viaggiatori temerari, l'isola si circondò di un'aura di mistero.

Called Triscele, Triquetra, Trichetria, Trinacria, emerging from the blue Mediterranean that protected and at the same time offered it to daring voyagers, the island became enveloped in an aura of mystery.

Dalla Trinacria alla Sicilia

Il simbolo della Sicilia, la Trinacria, fedele talismano sorto da un valore solare, è nato dal mito di Perseo. La testa di Medusa, fissata dalla dea Atena alla sua corazza per pietrificare i nemici, divenne per i siciliani un'arma sacrale per esorcizzare gli spiriti maligni.

Nei secoli a venire, al fascino del mito non si sono potuti sottrarre neanche i viaggiatori, solitari o di gruppo, i poeti e gli scienziati provenienti da tutto il mondo. Né l'arte ha svolto un ruolo minore nella diffusione di questo simbolo che racchiude fede e impeti pagani, anarchia e senso del dovere, furore e pace dei sensi.

Oggi i visitatori stanchi riposano negli agrumeti odorosi di zagara, respirano l'aria frizzante del mare, alzano lo sguardo verso il vulcano. Al risveglio, come per incanto, sorge in loro una voglia incontrollabile di conoscere la gente che abita questi luoghi, per come sono stati accolti, coccolati o respinti, non importa.

C'è sempre un campo magnetico particolare che li attrae e li fa sentire vivi. Lentamente e inesorabilmente, tutto continua a muoversi, e noi, nell'infinito piccolo e nell'infinito grande che ci circonda, continuiamo a cercare di capire da dove veniamo e, soprattutto, dove vogliamo andare.

From Trinacria to Sicily

The Trinacria, the symbol of Sicily. Staunch talisman arising from a solar virtue, came about from the myth of Perseus. Medusa's head, fastened by the goddess Athene to her shield to turn her enemies to stone, for the Sicilians became a sacred weapon to exorcise evil spirits. In the centuries to come, neither travellers, alone or in groups, nor poets and scientists coming from all over the world, have been able to escape the fascination of the myth. The arts have likewise played a major role in the diffusion of this symbol that enshrines faith and pagan ardour, anarchy and sense of duty, rage and peace of mind.

Today, weary visitors take rest in the citrus groves heavy with the scent of the zagara (orange blossom), breathe in the bracing air of the sea and lift their gaze to the volcano. On rousing, as though enchanted, they feel an uncontrollable desire to get to know the people living in these places; just how they have been received, whether pampered or spurned, matters little.

There is always a strange magnetic field that attracts them and makes them feel alive. Slowly and implacably, everything keeps on moving, and we, in our tiny infinity and in the great infinity surrounding us, keep on trying to understand where we come from and perhaps most importantly where we wish to go.

Etna

La natura vulcanica dell'Etna è nota da epoche remote.

Nella mitologia classica Omero narra che l'Etna è la sede di Efesto, il dio del fuoco che forgia le armi di Achille, ed è anche la terra dei Ciclopi, esplorata da Ulisse nel corso del suo ritorno da Troia.

Già intorno al 425 a.C. lo storico greco Tucidide descrive un'eruzione e riferisce di altri fenomeni vulcanici, sin dall'inizio della colonizzazione greca in Sicilia.

Il geografo greco Strabone narra di un pianoro, situato presso la sommità della montagna etnea, caratterizzato da una temperatura talmente elevata da non poterci camminare sopra e sul quale s'innalzava un piccolo cono che emetteva vapore. Tra gli altri, anche Plinio il Vecchio, nel Naturalis Historia, e Lucrezio, nel De Rerum Natura, scrivono dell'Etna, fornendo le prime interpretazioni dei fenomeni vulcanici.

Sin dal XVI secolo le cronache locali permettono di reperire informazioni e descrizioni sulla maggior parte degli eventi eruttivi più importanti del vulcano. Tuttavia, soltanto nel XIX secolo iniziano gli studi scientifici in senso moderno.

Etna

The volcanic nature of Etna has been well known since ancient times. In classical mythology, Homer narrates that Etna is the seat of Hephaestus, the Greek god of fire, who forged the armour of Achilles, and that it is also the land of the Cyclopes, explored by Ulysses during his return from Troy.

As early as 425 B.C., Thucydides describes an eruption and tells of other volcanic phenomena from the beginning of Greek colonization in Sicily.

The Greek geographer Strabo tells of a plain, located near the summit of Mount Etna, characterized by such great heat that it was impossible to walk upon and where there rose a small cone that emitted vapour. Many others, including Pliny the Elder, in his Naturalis Historia, and Lucretius, in De Rerum Natura, wrote of Etna and offered the first interpretations of volcanic phenomena.

From the 16th century on, local chronicles enable finding information and descriptions of most of the more important eruptive events of the volcano. However, scientific studies in the modern sense only began as late as the 19th century.

Gemmellaro (1858), Lyell (1859) e Waltershausen sono i primi a riconoscere l'esistenza di un antico vulcano (Il Trifoglietto) nell'area della Valle del Bove e a distinguerlo dal Mongibello. Waltershausen (1880) pubblica la prima carta geologica dell'Etna che costituisce, per il tempo, un contributo molto innovativo. Risalgono, invece, all'inizio del XX secolo i primi studi petrografici sulle vulcaniti etnee. Occorre aspettare la fine degli anni '60 per incontrare i primi studi sistematici sull'Etna e l'avvio delle attività di monitoraggio del vulcano.

L'Etna e lo Stromboli sono i vulcani più attivi in Europa.

Gemmellaro (1858), Lyell (1859) and von Waltershausen were the first to recognize the existence of an ancient volcano, the Trifoglietto, in the area of the Valle del Bove, and to distinguish it from the Mongibello. Von Waltershausen (1880) published the first geological map of Etna, a considerably innovative approach for the time. The earliest petrographical studies on Etnean volcanics, on the other hand, were made in the early 20th century. One would have to wait until the late 1960s to see the first systematic studies on Etna and the start of volcano monitoring.

Etna and Stromboli are the most active volcanoes in Europe.

La storia eruttiva dell'Etna in breve

*La prima fase eruttiva dell'Etna, chiamata Tholeiiti Basali, corrisponde a un lungo periodo, da circa **500.000 a 330.000 anni fa**, di bassa attività eruttiva caratterizzata da eruzioni fissurali che avvenivano nel bacino di sedimentazione di Avanfossa (Golfo Pre-Etneo) e, in seguito, in un ambiente subaereo con colate laviche che si espandevano nella piana alluvionale della paleo-valle del fiume Simeto.*

Dopo una pausa di circa 100.000 anni, durante la fase denominata Timpe, aumenta l'attività eruttiva che si concentra lungo la fascia ionica. In quest'area la sovrapposizione dei prodotti vulcanici produce la formazione della prima struttura vulcanica nella regione etnea di tipo vulcano-scudo, allungato per oltre 22 km in direzione NNO-SSE.

*Tra circa **129.000 e 126.000 anni fa** avviene lo spostamento verso Ovest dell'attività eruttiva di tipo fissurale che si concentra nell'area di Val Calanna-Moscarello, formando una spessa successione lavica.*

*Tra circa **120.000 e 65.000 anni fa**, durante la terza fase chiamata Valle del Bove, si osserva un altro spostamento verso Ovest del sistema di alimentazione magmatica superficiale che*

Overview of Etna's eruptive history

*Etna's first eruptive phase, called "Basal Tholeiites", is a rather long period, lasting from **500,000 until 330,000 years ago**. It was characterised by low-rate volcanism from eruptive fissures. These occurred within the sedimentary foredeep basin known as the "Pre-Etnean gulf", and later also in a subaerial (on the land surface and exposed to the atmosphere) environment with lava flows that expanded within the alluvial plain of the paleovalley of the Simeto river.*

Following an eruptive hiatus of about 100,000 years, eruptive activity resumed with increased vigour during the "Timpe" phase and was concentrated along the Ionian coast.

The accumulation of volcanic products during this phase led to the formation of the first volcanic structure in the Etna region, a shield volcano extending for over more than 22 km in a NNW-SSE direction.

*Between roughly **129,000 and 126,000 years ago**, fissure-fed volcanic activity shifted westward and became concentrated in the area of Val Calanna-Moscarello, depositing a thick sequence of lava flows.*

*From about **120,000 until 65,000 years ago**, during the*

da inizio a un'attività vulcanica di tipo centrale. Tale attività porterà nel tempo alla costruzione di diversi centri eruttivi poligenici che si sovrapporranno formando un primordiale stratovulcano di tipo composito nell'area della Valle del Bove.

Da circa **60.000 anni**, durante la fase denominata Stratovulcano, si registra la costruzione della struttura principale dell'edificio etneo con la formazione del vulcano Ellittico e la definitiva stabilizzazione del sistema superficiale di risalita magmatica nella regione etnea. L'intensa attività eruttiva del vulcano Ellittico porterà nel tempo alla formazione di un ripido cono vulcanico, alto fino a circa 3.600 m, che raggiungerà la massima espansione laterale – fra circa **40.000 e 20.000 anni fa** – in seguito a eruzioni laterali le cui colate laviche invaderanno le paleo-valli dell'Alcantara e del Simeto.

L'attività eruttiva del vulcano Ellittico termina circa 15.000 anni fa con una serie di eruzioni esplosive di tipo pliniano che causeranno la formazione della caldera dell'Ellittico.

L'attività eruttiva degli ultimi **15.000 anni** porterà alla crescita dell'edificio attuale, il vulcano Mongibello, la cui struttura sarà catastroficamente modificata circa 9.000

third ("Valle del Bove") phase, there was a further westward shift of the shallow magmatic feeder system, leading to a more centralized volcanism. This activity gradually led to the build up of several overlapping polygenetic volcanic edifices, which formed a primordial stratovolcano in the area of the Valle del Bove.

Starting **60,000 years ago**, during the "Stratovolcano" phase, the main structure of the Etnean volcanic edifice was built up with the growth of the Ellittico volcano. The shallow magma feeder system in the Etna region became definitely stabilized in its current position. The intense eruptive activity of the Ellittico volcano led to the growth of a steep volcanic cone up to 3600 m high, which would reach its maximum lateral extent – about **40,000 to 20,000 years ago** – following lateral eruptions whose lava flows invaded the paleovalleys of the Alcantara and Simeto rivers.

The Ellittico volcanism ended about 15,000 years ago with a series of cataclysmic explosive (Plinian) eruptions, which led to the formation of the Ellittico caldera.

The eruptive activity of the past **15,000 years** helped build up the current volcanic edifice, the Mongibello volcano, whose structure changed catastrophically about 9000 years ago

anni fa in seguito a un collasso gravitazionale di un ampio settore del fianco orientale dell'edificio etneo che formerà la grande depressione della Valle del Bove. Lo sviluppo delle conoscenze scientifiche nel campo degli studi geologici e geocronologici degli ultimi vent'anni ha permesso di ricostruire in maniera dettagliata la storia eruttiva dell'Etna, dalla sua formazione a oggi.

La nuova carta geologica (Branca et al., 2011), a scala 1:50.000, pubblicata alla fine del 2011 sull'Italian Journal of Geosciences, la rivista ufficiale della Società Geologica Italiana e del Servizio Geologico d'Italia, rappresenta la sintesi di uno studio avviato oltre 15 anni fa.

after the gravitational collapse of a vast sector of the eastern flank of the Etnean edifice, forming the huge Valle del Bove depression. The development of scientific knowledge in the fields of geology and geochronology during the past 20 years has enabled reconstructing the detailed eruptive history of Etna, from its creation until today.

The new geological map (Branca et al., 2011) was published in late 2011 on a 1:50,000 scale in the Italian Journal of Geosciences, the official journal of the Italian Geological Society. It represents the synthesis of a study initiated more than 15 years earlier.

Carta Geologica del vulcano Etna - *Geological map of Etna volcano*

Branca S., Coltelli M., Groppelli G., Lentini F., 2011. Geological map of Etna volcano, 1:50,000 scale. Ital. J. Geosci., Vol. 130, No. 3, 265-291.

Branca S., Coltelli M., Groppelli G., 2011. Geological evolution of a complex basaltic stratovolcano: Mount Etna, Italy. Ital. J. Geosci., Vol. 130, No. 3, 306-317.

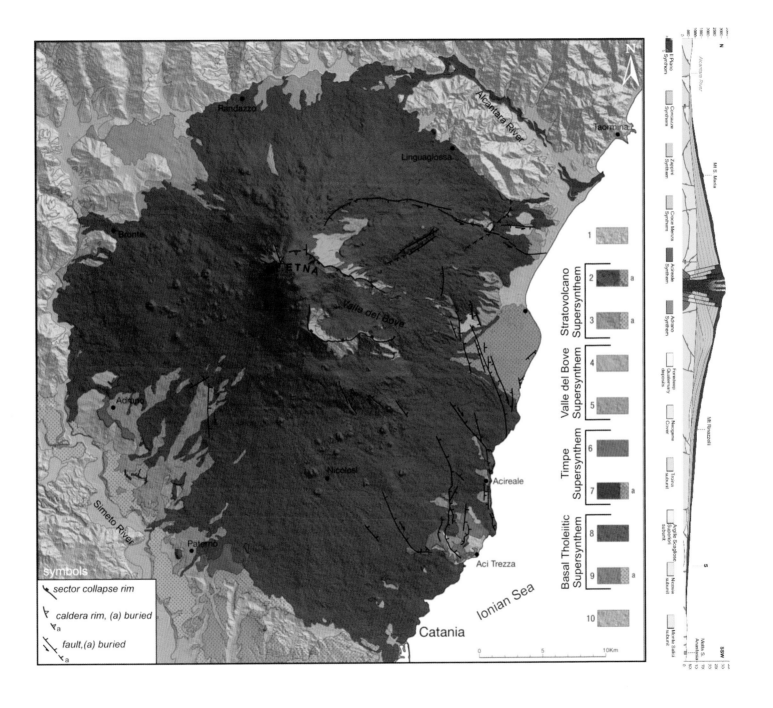

Aria

Acqua

Terra

Fuoco

A.A.

Air

Water

Earth

Fire

I quattro elementi della natura

I quattro elementi della natura, aria, acqua, terra, fuoco, rappresentano l'universo. In forma gassosa, solida, energetica, liquida, l'Etna li possiede tutti e quattro ed è quindi un microcosmo perfetto.

Nell'essere umano i quattro elementi corrispondono alla forza vitale, al corpo, all'energia, ai liquidi contenuti nell'organismo.

Quando l'uomo e il vulcano s'incontrano, i due microcosmi si ritrovano a fronteggiarsi e a valutarsi. Talvolta, ciascuno vorrebbe prevalere sull'altro; altre volte, entrambi convergono sulla possibilità di trovare una soluzione. Sempre che gli elementi non impazziscano in un vortice legato al mistero cosmico.

L'Etna crocevia dei quattro elementi, se ne ciba e intesse con loro rapporti di profonda simbiosi, sino a diventare un solo essere. La pioggia arriva sulla lava incandescente, evapora, sale su, ricade. Il fuoco continua a divampare, brucia alberi e case, diventa cenere per ritornare terra.

Il vento si prepara alla bufera, spinge masse d'aria in modo capriccioso, soffia con raffiche veloci come il pensiero.

The four elements of nature

The four elements of nature: air, water, earth and fire, represent the Universe. In a gaseous, solid, energy and liquid state, Etna has all four of them and is therefore a perfect microcosm.

In a human being, these four elements correspond to the life force, the body, its energy and to the fluids making up the organism.

When man and volcano meet, these two microcosms find themselves taking the measure of each other. There are times when both seek to prevail over the other; at others, both meet on common ground to find a potential solution. But only if the elements do not go wild in a whirlwind bound to the cosmic mystery.

Etna, a nexus of the four elements, nourishes and weaves relationships of deep symbiosis with them, to the extent of becoming a single entity. The rain falls on the red-hot lava, evaporates, rises and falls again. The fire continues to burn, consuming trees and homes, it turns to ash to finally return to becoming earth. The wind prepares for a gale, drives masses of air impulsively, blows gusts more rapid than thought.

Sono tutti e quattro là: aria, acqua, terra, fuoco.

Si sono dati convegno in un luogo unico al mondo fatto di antitesi e armonia. Caldo, freddo, tepore, gelo, fresco, bollore. Quando arriva il momento, sa accoglierti con amore e dedizione. Ne subisci il fascino a tal punto che ti ritrovi smarrito, confuso da tanta semplice grandezza. E se ti sembra di sentirti piccolo, sarà lui, il vulcano, a farti sentire veramente grande.

TERRA - È l'elemento che rassicura. Rappresenta le radici storiche dell'uomo e il suo legame ai luoghi natali.

ACQUA - Liquido amniotico per l'uomo, la vita sul pianeta Terra iniziò dall'acqua. Uomo e natura si sono evoluti grazie a lei.

ARIA - Costituisce l'elemento di congiunzione tra il cielo e la terra, tra spiritualità e materia.

FUOCO - Il destino dell'uomo è cambiato quel giorno. Una minuscola scintilla si era accesa e aveva innescato la rivoluzione.

È stato il filosofo e matematico greco Empedocle a stabilire per primo il sistema dei quattro elementi primari, fuoco, aria, acqua e terra. Ciascuno dei quattro elementi era anche associato con una delle quattro stagioni.

All four of them are there: air, water, earth and fire.

They have gathered together in a unique place in this world, made up of contrast and harmony. Heat, cold, warmth, ice, scorching, coolness. When the right moment comes, it is able to receive you with love and dedication. You let yourself be overcome by its charm to the point you are lost, dazed by such simple grandeur. And if you feel small, it will be him, the volcano, to make you feel truly great again.

EARTH - The element Earth is reassuring. It represents the historical roots of mankind and its relationship with the places of birth.

WATER - The amniotic fluid for man, life on planet Earth had its origin in water. Man and nature evolved thanks to her.

AIR - The air constitutes the element connecting the sky and the earth, between spirituality and matter.

FIRE - The fate of mankind changed on that day. A tiny spark ignited and triggered the revolution.

It was the Greek philosopher and mathematician Empedocles who first established the system of the four prime elements, fire, air, water and earth.

Each of these four elements was also associated with one of the four seasons.

ARIA: è la **Primavera**, periodo in cui nasce la nuova vita; il seme inizia a produrre i primi germogli che il sole farà crescere. È l'inizio del cambiamento, il seme porta a una "nuova pianta". Ci lasciamo trasportare dalla leggera brezza primaverile, apriamo la nostra vita a una nuova visione.

FUOCO: è l'**Estate**, la stagione in cui l'energia si trova al massimo grado di espansione, le giornate lunghe e soleggiate servono a mantenere in forza le nuove piante, altre vite.

È il momento dell'azione.

ACQUA: è l'**Autunno**, momento di transizione, le foglie iniziano la loro discesa verso terra e le attività sono rallentate. È il periodo del raccolto. Ci apriamo ai cambiamenti che sono iniziati nelle stagioni precedenti e raccogliamo i frutti anche se diversi da quelli attesi.

TERRA: è l'**Inverno**, la stagione del riposo, della morte e dell'attesa per la nuova rinascita. È una parte essenziale del cambiamento, occorre arrestare le attività, riposare e attendere. Sembra che nulla accada, in realtà sotto la terra è già presente il seme che assorbe energia per poi rilasciarla all'esterno.

AIR is **Spring**, the period when new life germinates; the seed begins to produce the first sprouts that the sun enables to grow. It is the beginning of change, the seed gives birth to a "new plant", a new life. We let ourselves be carried away by the light breeze of spring, we open our lives to a new vision.

FIRE is **Summer**, the season when the energy is at its greatest degree of expansion, the long and sunny days serve to make the new plants, the new lives, endure.

It is the moment of action.

WATER is **Autumn**, a moment of transition, the leaves begin their descent to earth and all activities slow down. It is the period of harvest. We open up to changes that began in the previous seasons and gather the fruits even if they are different to what we expected.

EARTH is **Winter**, the season of rest, of death, and of the wait for a new birth. It is an essential part of change, it is necessary to halt activity, to rest and wait; it seems as though nothing is happening, but in reality the seed is already there below the ground, absorbing energy to then be released outside.

Dal "Cantico delle Creature" di San Francesco di Assisi

…

Laudato si', mi' Signore, per frate Vento
et per aere et nubilo et sereno et onne tempo,
per lo quale, a le Tue creature dài sustentamento.

Laudato si', mi Signore, per sor'Acqua,
la quale è multo utile et humile et pretiosa et casta.

Laudato si', mi Signore, per frate Focu,
per lo quale ennallumini la nocte:
ed ello è bello et iocundo et robustoso et forte.

Laudato si', mi Signore, per sora nostra matre Terra,
la quale ne sustenta et governa,
et produce diversi fructi con coloriti fior et herba.

…

From the "Canticle of Creatures" by Saint Francis of Assisi

…

Praised be You, My Lord, through Brother Wind,
and through the air, cloudy and serene,
and every kind of weather,
through whom You give sustenance to Your creatures.

Praised be You, my Lord, through Sister Water,
who is very useful and humble and precious and chaste.

Praised be You, my Lord, through Brother Fire,
through whom You light the night.
And he is beautiful and playful and robust and strong.

Praised be You, my Lord, through our Sister Mother Earth,
Who sustains and governs us,
and who produces various fruit with coloured flowers
and herbs.

…

ARIA - *AIR*

Primavera - Spring

I folletti dell'inverno
sanno che devono sbrigarsi.
Nostalgici dell'ultimo freddo,
raccolgono immagini candide
per riempire il cuore dei ricordi
prima che si sciolgano.

I crochi stanno già sfidando la neve,
sbucano temerari a colorare linde radure,
stirano i petali per farsi più belli,
si preparano per la tavola della natura.

Per gli abitanti del bosco
il letargo è finito.

Lentamente
sporgono la testa dai loro alloggi improvvisati,
o duraturi,
dimore per animali soli,
o in compagnia,
come accade per uomini e donne.

The winter elves
know they must hurry.
Wistful of the last cold
they gather candid images
to fill their hearts with memories
before they melt away.

The crocuses are already challenging the snow,
they emerge fearlessly to adorn neat clearings,
stretching their petals to spruce up,
preparing for the table of nature.

For the inhabitants of the woods
hibernation is over.

Slowly,
they poke their heads out of their homes,
improvised or durable,
dwellings for lone animals
or in company,
just as for men and women.

Caldi e accoglienti di foglie ornati,
buchi,
cunicoli,
fenditure,
luoghi abbandonati forse non per sempre.

Se alzano lo sguardo,
vedono Ghiandaie frugare fra le pigne,
scorgono nidi sui rami,
sorridono.

Non c'è architettura
più perfetta di un nido.

Al tepore del sole rinnovato
rimangono ore osservando
l'aggiunta di una pagliuzza,
chilometri percorsi
avanti e indietro,
amore totale e dedizione
racchiusi in un pugno.

Warm and snug with decorative leaves,
holes,
lairs,
crevices,
places abandoned but maybe not forever.

When they lift their gaze,
they see jay birds rummaging in the pine cones,
glimpse nests on branches,
and smile.

There is no architecture
more perfect than a nest.

At the warmth of the renewed sun
they remain for hours watching
the addition of a blade of straw
many kilometres travelled
to and fro,
consummate love and dedication
held in a fist.

A volte la montagna
sussurra parole,
crea legami indissolubili.
I suoi messaggi si adagiano sui fiocchi di neve,
si sciolgono insieme per plasmarci.
Le vocali s'incontrano nell'aria,
si fondono con i versi delle creature del bosco,
formano speciali misteri chiamati "Parole".

Quando cade il silenzio,
le parole vanno a dormire,
si accucciano nella nostra anima
per donarci la pace.

Nel frattempo,
fuori,
sul Vulcano,
è arrivata la primavera.
A guardarlo diresti
– Non ha fretta, attende –

E pensi: in fondo, non è lui che decide.

At times, the mountain
whispers words,
and creates everlasting bonds.
The messages bed down on snow flakes
they melt together taking shape.
The vowels meet in the air
and merge with the song of creatures from the woods,
form special mysteries called "Words".

When the silence falls,
the words go to sleep,
they snuggle up in our souls
to bring us peace.

Meanwhile,
outside,
on the volcano,
Spring has arrived.
Watching it, you might say
'There's no hurry, it's waiting'

And you think: after all, it is not up to him to decide.

Anelli di fumo

I cerchi salivano leggeri
in alto,
alcuni perfetti,
altri si aprivano per disperdersi
in fretta.

    I diametri man mano si accorciavano
    in una parodia che seguiva
    la danza del calumet.

    I fumatori,
    seduti in cerchio
    sulla terra degli avi,
    guardavano allibiti
    il grande vulcano che fumava,
    destreggiandosi anche lui
    a tracciare nel cielo anelli di fumo.

Implorandolo,
gli chiedevano pace.

Rings of smoke

The rings ascended,
so lightly,
some perfect,
others broke apart to disperse
in haste.

    The diameters gradually shrank
    in a parody following
    the dance of the peace pipe.

    The smokers,
    sitting in a circle,
    on their ancestors' land
    gazed, bewildered,
    at the great volcano that was smoking
    it too managing
    to trace smoke rings in the sky.

Imploring,
they asked him for peace.

Arnie

Minuscole casette
di un residence laborioso
abitato, sovraffollato e pur razionale.
Suddivisione dei compiti
che il genere umano non sa darsi,
fabbrica produttiva
di un'efficiente organizzazione mai in perdita.
Non ci sono scioperi né defezioni di alcun tipo.
Moria inaspettata sì,
quando i pesticidi diffondono dolore
e i colori si attenuano.
Cadono a terra distrutte
dalla presenza malsana di alcune opere dell'uomo.
Si rialzano,
soccombono.

Le api sono il termometro
di un'umanità alla deriva
che si fa ancora in tempo a salvare.
Forse.

Beehives

Minuscule little houses

in an industrious residential complex

inhabited, overcrowded and yet rational.

Subdivision of tasks

that human kind is unable to undertake

a productive factory

with an efficient organization, never at a loss.

There are no strikes, nor absences of any kind.

But there is unexpected death,

when pesticides diffuse pain

and the colours fade.

They fall to earth, destroyed

by the presence of some noxious action by man.

They rise again,

then succumb.

Bees are the thermometer

of humanity adrift

still in time to be saved.

Maybe.

Basalto

Un portale.
    Un tavolo.
       Una strada.
          Un muretto.
Lava tirata a lucido,
    levigata,
       butterata.
Basalto.
Manufatti che rapiscono
lo sguardo e il cuore.
Dietro l'angolo
il disturbatore di turno
– per carità! –
l'altra parte della barricata:
per quella bellezza
che dà lavoro,
certo,
ci sono ferite profonde
nel paesaggio della nostra terra lavica.
Nessun chirurgo riuscirà a rimarginarle.

Basalt

A gate.
     A table.
          A road.
              A wall.
Lava, polished to a luster,
     smoothed,
          pitted.
Basalt.
Artefacts that capture
the gaze and the heart.
Around the corner
the token heckler
– good heavens! –
the other side of the barricade:
for this beauty
which provides work,
sure enough,
there are deep wounds
in the landscape of our lava stone land.
No surgeon could ever make them heal again.

Cenere

Grigio, antracite, fumo, canna di fucile, nero.

    Colori non colori,
    interrotti all'improvviso dal rosso,
    accecante riverbero di un movimento
    impetuoso
    che non lascia scampo.

S'insinua con le sue lingue,
decolla,
approda.
    Nel turbinio della danza,
    in apparenza senza sosta,
    decide di placarsi, raffreddarsi, fermarsi.

    Rimaniamo attoniti nell'attesa.
    Non diresti mai che quel grigio
    è il figlio appena nato
    di un rosso infuocato.

Ash

Gray, anthracite, smoke, barrel of a gun, black.

    Colours like non-colours
    suddenly interrupted by red
    blinding reflection of a
    raging movement
    that allows no escape.

It insinuates with its tongues,
takes off,
lands.
    In the whirlwind of the dance
    seemingly without a break,
    it decides to quell, cool down, and halt.

    We are dumbfounded while waiting.
    You would never believe this grey
    is the new-born son
    of a fiery red.

Ginestre

Le gialle Ginestre
colorano le fasce pedemontane.

Sbucano fra le rocce
sfidando il freddo,
inghiottono i raggi del sole
per farsi belle.

Le piccole foglie
cedono il passo ai fiori,
innumerevoli,
che si sono appropriati
dei sottili fusti,
lineari e flessibili,
lasciandoli quasi spogli.

Rincuora sapere
che sanno difendersi dagli incendi.

Consola il loro retaggio familiare,
strano a dirsi,
parenti di ceci, piselli e fave.

I nuovi polloni crescono,
lì dove il fuoco è stato meno bravo,
dando vita ai nuovi rami
e rinnovando il miracolo,
insieme alla Valeriana rossa
che fa loro compagnia.

Broom

The yellow broom
Paints the flanks of the mountain.

It springs forth between the rocks
challenging the cold,
it swallows the rays of the sun
to make a show.

Small leaves
give way to the flowers,
countless,
which have taken over
the thin stems,
linear and flexible
leaving them almost bare.

Encouraging to know
it can resist fire.

Its family heritage is consoling,
strange it might seem,
but kin to chickpeas, peas and beans.

The new shoots are growing,
there where the fire was less effective,
giving life to new branches
and renewing the miracle
along with the red Valerian,
keeping it company.

Muri a secco

I contadini,
curvi per il peso,
strappavano le pietre
ai fazzoletti di terra
che non erano roccia.

    Una sull'altra con maestria
    ponevano a dimora le pietre
    per formare infiniti muretti a secco.

Le mani lacerate
dalle innumerevoli ferite
sanguinavano.

    Il colore ricordava quello del mosto,
    sangue di piccoli grappoli d'uva
    che i vitigni ad alberello
    avrebbero prodotto.

Dry stone walls

The farm workers
bent over by the weight
ripped the stones
from the tiny strips of land
that were not made of rock.

    One upon another with mastery
    they set the blocks
    to build endless dry stone walls.

Their hands lacerated
by countless wounds
were bleeding.

    The colour resembled that of must
    the blood of small bunches of grapes
    that the vine saplings
    had produced.

Zolfo

L'odore di zolfo,
aspro e pungente,
si propaga e raggiunge le narici.
Rimanda il pensiero a tempi
neanche troppo lontani,
alle tante miniere della Sicilia,
ai bambini strappati al sonno
e portati di notte nelle viscere della terra
a scavare per il pane quotidiano.
Compagni innocenti gli uccellini
chiusi nelle piccole gabbie
a immolarsi con la loro vita
e dare il segnale,
assaggiatori ufficiali dei gas mortali
alla corte di un re senza nome.
A guardarlo, lo zolfo è bellissimo.
Brilla al sole e, nello sfavillio dei cristalli,
ci ricorda che nel cuore della terra
non c'è buio, ma un caleidoscopio di
colori infernali.

Sulphur

The smell of sulphur,
acrid and pungent,
spreads in the air and reaches the nostrils.
It recalls times
that are not so distant,
back to the many mines in Sicily
to the children plucked from sleep
and taken in the night into the bowels of
the Earth to dig for their daily bread.
Innocent fellow fledglings
locked in small cages
ready to sacrifice their lives
and give the signal,
official tasters of deadly gases
at the court of a king without a name.
But looking at it, sulphur is beautiful.
It shines in the sun, and in the sparkle of crystals,
it reminds us that in the heart of the earth
there is no darkness, but a kaleidoscope of
infernal colours.

FUOCO - FIRE

Estate - Summer

Andiamo al mare,
si sa,
è estate.

Non per questo tradiamo il vulcano.

Lui è il più grande bagnino del mondo,
non si distrae mai,
guarda il mare giorno e notte.

Si diverte a vedere i tuffi
dagli scogli che lui stesso ha creato,
le spiagge di sabbia nera
al di là dell'altro mare,
le isole minori
figlie del suo amore.

Let's go to the seaside
Right, of course!
After all, it is summer.

But not for this do we betray the volcano.

He is the greatest lifeguard in the world,
never distracted
watching the sea, day and night.

He's amused to see them dive
from the rocky cliffs he himself created,
the black sandy beaches
and beyond the other sea,
the smaller islands
the children of his love.

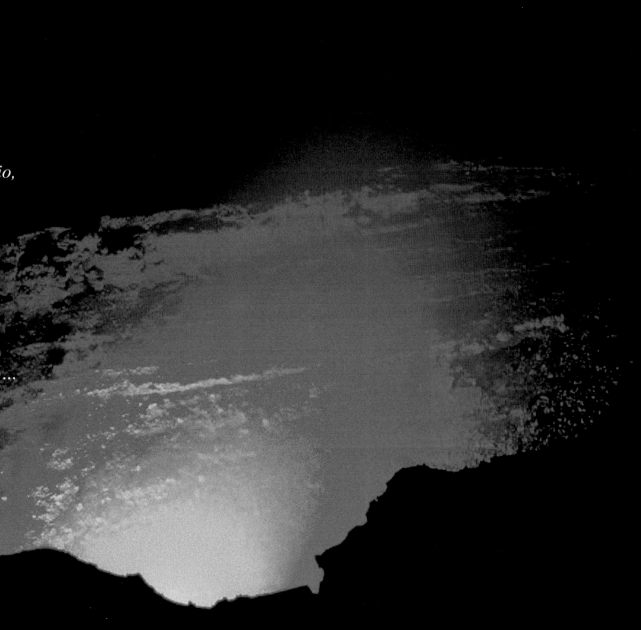

Acque infuocate

Rossa
come soltanto lei sa essere.
La lava.
Aveva colmato il cratere
con i suoi riverberi dorati.
Un lago, padre di un insolito emissario,
aveva generato un sinuoso fiume
che scendeva dalle pendici
travolgendo ogni ostacolo.
Strane queste acque senza pesci,
assenza insolita di uccelli acquatici.
Non mi convince
pensava la ragazza venuta da lontano...

Fiery waters

Red
as only she can be.
The lava.
She had filled the crater
with her golden glare.
A lake, father of an unusual envoy,
had created a winding river
that descended down the slopes
engulfing every obstacle.
Strange, these fishless waters,
and a curious absence of water fowl.
I am not convinced
thought the girl who had come from afar...

Casa

Ci avevo messo una vita intera
per costruirla.
Rubavo ore al sonno e alle distrazioni,
non sapevo cosa fosse il tempo libero.

Mi dava conforto sapere
che prima o poi l'avrei finita
la casa per la mia sposa.
Magari sarei riuscito a comprare
qualche mobile,
il tavolo e le sedie no,
li avevo costruiti io nelle sere di pioggia.

La mia sposa si è messa a piangere,
seduta sullo scalino dell'ingresso,
per la commozione si teneva
la testa fra le mani.
Non avevo più un centesimo,
ma vederla così felice
mi stava già ripagando.

Home

I spent my entire life
building it.
I stole hours from sleep and other distractions,
I didn't know what leisure was.

It was comforting to know
that sooner or later I would finish
the home for my bride.
Maybe I'd be able to buy some
furniture,
but not the table and chairs,
those I had built myself on rainy evenings.

The day I finished the house
my bride began to weep
sitting on the steps to the entrance,
so touched she held
her head in her hands.
I didn't have a penny left, but to see
her so happy like that made it all up.

Ci andammo ad abitare
il giorno del matrimonio,
senza festa e vestiti d'occasione,
che importava.

    Dopo alcuni giorni,
    eravamo a lavorare nei campi,
    il boato non ci fece paura,
    c'eravamo abituati...
        Continuammo a lavorare
        per il pane quotidiano.

    Quando rientrammo,
    non mi fece paura vederla distrutta
    la nostra piccola grande casa.

Mi fece paura pensare
che avrei dovuto trovare la forza
di ricostruirla,
come avevano fatto i nostri padri,
e i padri dei nostri padri,
con la tenacia di sempre.

We went to live there
on the day of our wedding,
no great feast, just ordinary clothes,
what did it matter.

    A few days later
    we were working in the fields,
    the rumbling did not startle us,
    we were used to it ...
        So we continued working
        for our daily bread.

    When we returned,
    It didn't frighten me to see
    our little big home destroyed

But it scared me to think
that now I'd have to find the strength
to rebuild it,
as our fathers had done,
and the fathers of our fathers,
with perseverance, as ever.

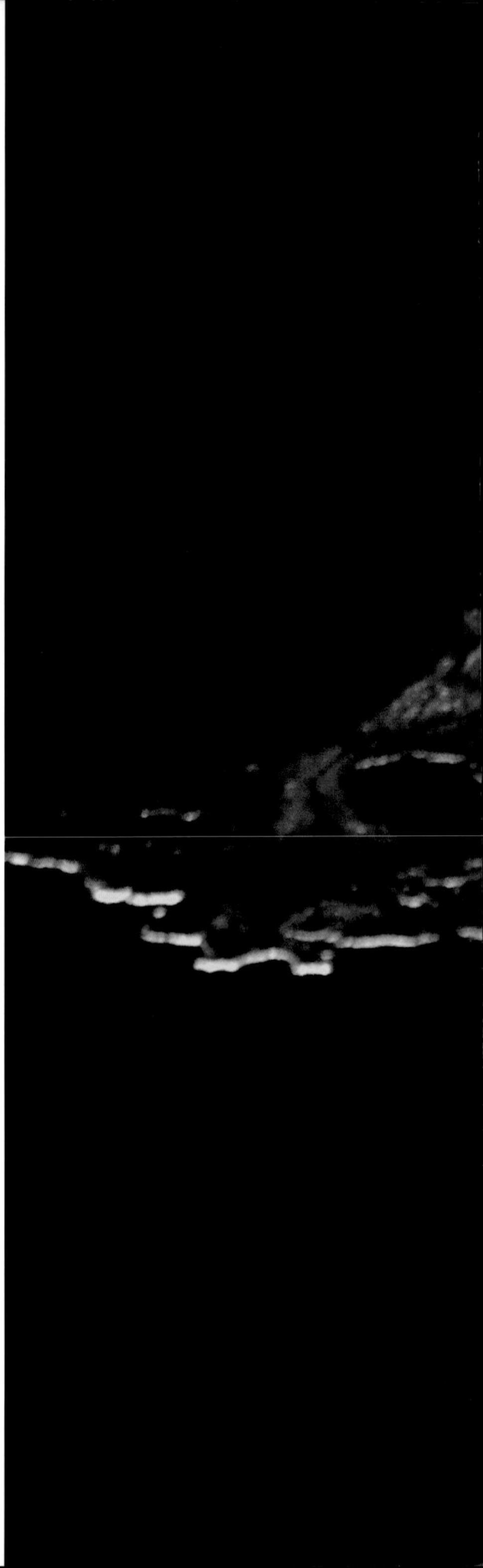

Luci della città

La città,
risorta come Araba fenice,
continua a stargli ai piedi.
    Di notte,
    lo ammalia con le luci
    segnando il confine con il mare.
Di giorno,
lo allieta con la vivacità di sempre
donandogli le nenie dedicate ai nascituri.
    Quando lui riposa,
    gli dedica versi inespressi
    di riconoscenza quotidiana.
Quando lui si sveglia,
gli offre talismani di saggezza
per placare la sua ira.
    Da tutto il mondo, nell'uno o nell'altro caso,
    accorrono frotte di turisti,
    attratti dal gigante brontolone
    che sa anche regalare
    tantissimi sorrisi.

City lights

The city,
risen like a phoenix,
continues to remain at Etna's feet.
    At night,
    it bewitches him with the city lights
    marking the border with the sea.
During the day,
the city gladdens him with its lundying vitality
offering lullabies to the soon-to-be-born.
    When he's at rest,
    it dedicates unspoken verses
    of daily acknowledgement to him.
When he wakes,
it offers talismans of wisdom
to placate his rage.
    In either case, from all over the world,
    crowds of tourists come flocking,
    attracted by the sullen giant
    that offers
    so much delight.

Luna

Guardare la luna
dall'alto del vulcano
è sentirsi più vicino a lei.

  Ti sembra di toccarla
  quell'incantatrice
  e quasi dimentichi
  com'era strana
  quando te l'hanno fatta vedere
  gli astronauti.

Che sia piena, una falce o a metà,
ti pare di toccare il cielo con un dito,
come dicono gli innamorati nostalgici.

Quando illumina le nere radure,
il vulcano la guarda ammiccando,
ben sa cosa implica lasciarsi andare.

Moon

Looking at the moon
from the heights of the volcano
is to feel even closer to her.

  You can almost touch her
  this charmer
  and you nearly forget
  how odd she was
  when shown to you
  by the astronauts.

Whether full, crescent or first quarter,
it seems you can touch the heavens
with a finger, as sentimental lovers like to say.

When she illuminates the dark clearings,
the volcano watches with a wink,
he knows too well what it means to let yourself go.

Quando non c'è,
capricciosa dea dell'altra sponda,
immagina di vederla altrove,
truccata da sembianze sconosciute
che mal si conciliano
con i suoi sogni.

    Aspetta il suo ritorno
    trepidante,
    prova a farsi ancora più bello,
    se possibile, e lei,
    accattivante,
    gli dona i suoi chiarori febbrili
    senza condizioni.

When she is absent,
capricious goddess of the other shores,
he imagines seeing her elsewhere,
made up with unrecognisable features
that don't sit too well
with his dreams.

    He waits for her to return
    anxiously,
    tries to make himself more handsome,
    and she,
    captivating,
    offers him her feverish lights
    without question.

Oleandro

Estate ricca,
inebrianti pennellate di colore
rapiscono l'anima.
    Bianchi, rosa, rosso cupo,
    fiori d'Oleandro
    miraggio della nostra terra
    fragile, arida, dura.
Foglie sottili si cibano d'eleganza,
profumo diffuso di mandorle amare,
eppur velenoso,
è l'Oleandro della nostra sopravvivenza,
della terra complicata e semplice
che ha nome Sicilia.
I roghi hanno perpetuato, anno dopo anno,
il rito della distruzione.
    Lungo le strade,
    assolate lingue di fuoco,
    l'Oleandro continua a risorgere
    dagli steli bruciati, forte
    come la bellezza della speranza.

Oleander

Lush summer,
heady brush strokes of colour
enrapture the soul.
    White, pink, dark red,
    Oleander flowers
    mirage of our land,
    fragile, arid, hard.
Slender leaves feed on elegance,
the diffused perfume of bitter almond,
and yet poisonous, too,
it's the Oleander of our survival,
of a complicated and simple land
that bears the name Sicily.
The fires have kept up, year after year,
the rite of destruction.
    Along the roads,
    sunlit tongues of fire,
    the Oleander continues to flourish
    from the burnt twigs, strong
    like the beauty of hope.

L'Ombra

Da bambini,
avevamo paura delle strane entità
che i grandi chiamavano
ombre.

> *Per timore,*
> *non provavamo neanche a oltrepassarle*
> *quelle proiezioni allungate*
> *pronte a prendersi gioco di noi.*

Da adulti,
abbiamo visto qualcosa di ancora più inverosimile.
> *Un'ala impalpabile che dall'alto*
> *sovrastava come un'aquila*
> *la prateria della vita,*
> *superava le acque dello Stretto*
> *e si spingeva fino all'orizzonte:*
> *oggi,*
> *a lasciarci senza fiato*
> *è l'immensa ombra dell'Etna.*

The Shadow

When we were children,
we were afraid of strange beings
that grown-ups called
shadows.

> *For fear,*
> *we dared not go beyond*
> *those outstretched projections*
> *ready to jeer at us.*

When we had grown up,
we saw something still more unbelievable.
> *An impalpable wing which from above*
> *dominated like an eagle*
> *the grasslands of life,*
> *surpassing the waters of the Strait*
> *and extending beyond the Calabrian coast:*
> *today,*
> *leaving us breathless*
> *is the immense shadow of Etna.*

Spettri

Sono rimasti ancorati alla roccia
gli alberi scheletrici bruciati dalla lava.

  Come uccelli spennati,
  si sono immolati per riti propiziatori.

   Hanno perso le foglie,
   hanno perso la vita.

La linfa si è bloccata all'interno,
incapace ormai di scorrere.

  La corteccia si è polverizzata,
  spargendo cenere sul caldo terreno.

Passeranno anni
prima che timidi virgulti
riescano a sfondare
la porta della speranza.

Ghosts

Still anchored in the rock
the skeletal trees burnt by the lava.

  Like plucked birds,
  they sacrificed themselves in propitiatory rites.

   They have lost their leaves,
   they have lost their lives.

The sap has remained trapped within,
unable to flow.

  The bark has been pulverized,
  spreading ash over the hot ground.

Years will pass
before timid shoots
manage to break through
the gate of hope.

ACQUA - WATER

Autunno - Autumn

Era arrivato l'autunno,
senza bussare alla porta del cambiamento,
e ci aveva colto di sorpresa.

    Sottili gocce di pioggia si dilatavano,
    danzando,
    per adagiarsi serene sulla terra.

      Avevamo alzato lo sguardo
      verso il nostro grande amico,
      il vulcano.

La nebbia lo aveva avvolto leggera
con un mantello di pudicizia
e ce ne impediva la vista.

    Sapevamo che c'era,
    e questo ci bastava.

Autumn had arrived,
without knocking on the door of change,
and taken us by surprise.

    Fine droplets of rain exploded,
    dancing,
    to fall placidly upon the ground.

      We looked up
      toward our great friend,
      the volcano.

A light mist had veiled it
with a cloak of modesty
preventing us from seeing it.

    We knew it was there,
    and for us this was enough.

Acqua che ribolle

Continuava a scendere.
Nel suo inarrestabile cammino,
copriva, inghiottiva, travolgeva
ogni cosa.
    Quando arrivò al mare,
    colmando i fossati
    e allungando le lingue di fuoco,
    la terra iniziò a raffreddarsi
    stirando le braccia
    come per svegliarsi da un lungo sonno.
I pesci salirono a galla,
cotti al vapore,
anch'essi immolati alla furia,
forza dai mille tentacoli,
braccia, gambe, vene di lava incontrollabile.
    Era bastato poco per cambiare
    fisionomia di città, costa, terra.
Per i sopravvissuti
lacrime e lava
si erano strette in un abbraccio finale.

Boiling water

It continued to come down.
Its unstoppable path
covered, devoured, engulfed
everything.
    When it arrived at the sea,
    filling the trenches
    and sticking out tongues of fire,
    the earth began to cool
    extending its arms
    as if awakening from a long sleep.
Fish came up to the surface,
steam-cooked,
they too sacrificed to the fury
of a force with a thousand tentacles,
arms, legs, veins of uncontrollable lava.
    Little was needed to change
    the appearance of the towns, the coast, the earth.
For the survivors
tears and lava
had hugged each other in a final embrace.

Arcobaleno

Rosso
    Arancione
        Giallo
           Verde
               Azzurro
                   Indaco
                       Violetto
Non toccate la tavolozza:

    L'Artista è all'opera!

Rainbow

Red
    Orange
        Yellow
           Green
               Blue
                   Indigo
                       Violet
Don't touch the palette:
The Artist is at work!

Cedri

Bitorzoluti.
È il primo aggettivo
che ti viene in mente quando li vedi.
 Poi guardi l'albero.
 Ti sembra così piccolo,
 schiacciato dal peso
 di tanti mirabili frutti.
E non sono soltanto tanti, sono enormi.
Sembrano gonfiati da elfi burloni
che inneggiano al diverso.
 Quando li apri, rimani allibito
 dalla perfezione degli elementi
 che contrastano con la buccia.
Le cassate siciliane
conoscono il segreto dei cedri
e se ne cibano ogni giorno.
 Dietro le vetrine mostrano
 bellezza, indiscutibile bellezza,
 bontà che travalica il gusto.
Cibo per gli dei.

Citrons

Gnarled.
The first adjective
coming to mind when you see them.
 Then you look at the tree.
 It seems so small,
 squashed by the weight
 of so much wonderful fruit.
Not only numerous, but enormous too.
As if inflated by prankster elves
singing the praises of diversity.
 When you open them, you're astounded
 by the perfection of the elements
 that contrast with the skin.
The Sicilian cassata
know the secret of the citron fruit
and feed on them every day.
 Behind the glass displays they show
 beauty, irrefutable beauty,
 a goodness that surpasses even their taste.
Food for the Gods.

Frutti

C'è un frutto per ogni stagione
sul vulcano.
  Mi correggo,
  uno per ogni giorno.
Le erbe aromatiche fanno a gara
con quelle alimurgiche.
La fame è fame!
  Allietano il palato,
  provano anche ad aiutare
  il magro desinare dei raccoglitori,
  si vendono agli angoli delle strade.
Le castagne,
liberate dai loro scomodi ricci,
si offrono ai vacanzieri della domenica,
altri si chiudono altezzose
dietro cortine di filo spinato.
E i palmenti annoiati da mesi d'inattività
spalancano le porte per uve e olive.
  Un paniere di profumi
  dispensato a ingrati,

Fruit

There is a fruit for each season
on the volcano.
  Or I should say
  there is one for every day.
The aromatic herbs compete
with wild edible plants.
Hunger is hunger.
  They tickle the palate,
  and also help out
  with the gatherer's meagre meal,
  they are even sold on street corners.
The sweet chestnuts
freed from their clumsy husks,
offer themselves to the Sunday walkers,
others shut themselves away
behind curtains of barbed wire.
And the wine cellars, bored by months of inactivity
throw their doors open for grapes and olives.
  A basket full of fragrance
  released to the unthankful,

o semplicemente a distratti,

dalle pere Ucciardone

e dalle Butirre che mostrano

i loro tipici nei.

 Sapori ancestrali,

 velluto di foglie

 e bucce tenere.

  Una mela Cola

  fa capolino tra i rami.

  È rimasta lì,

  dimenticata.

La tieni fra le mani,

come un dono prezioso

 per la memoria

e per i figli,

fino a quando si faranno accarezzare

dal vento di una natura incontaminata.

 Lontano dai rumori metallici

 di una umanità frenetica,

 nel sottobosco,

 le narici dilatate

 per gli effluvi dei funghi

or maybe just to the absent minded,

from the pears of Ucciardone

and Butirre displaying

their typical imperfections.

 Ancestral tastes,

 velvet leaves

 and tender skins.

  A Cola apple

  forms a small head between the twigs.

  It has remained there,

  forgotten.

You hold it in your hands

like a precious gift

to memory

and to the children,

as long as they may be caressed

by the wind of an unspoiled nature.

 Far from the metallic rumble

 of a frenetic humanity,

 in the undergrowth,

 the nostrils dilated

 by the scent of the mushrooms

ti fanno assomigliare a un purosangue
pronto a scattare.
    Ovuli e porcini
    tentano invano di sottrarsi agli sguardi.
    Si mostrano timidamente al sole
    e aprono i loro fragili cappelli.

making you a thoroughbred
ready to charge.
    Caesar's mushrooms and porcini
    in vain trying to escape the searching looks.
    Timidly they show themselves to the sun
    and open up their fragile caps.

Minicucco

Una volta
i giochi si dovevano inventare,
non c'erano giocattoli.
    Un albero generoso
      offriva frutti piccoli e sferici,
      quasi senza polpa.
Mangiata la minuscola parte dolce
che li ricopriva,
rimanevano fra le mani i noccioli
durissimi e puliti.
      Cosa farci?
      Presto fatto.
Costruita una cerbottana,
diventavano micidiali proiettili
da utilizzare nelle lotte fra compagni,
da lanciare il più possibile lontano,
da sentire come arma impropria della ribellione.
      Quell'albero,
che per noi era il Minicucco,
si chiama Bagolaro dell'Etna (Celtis aetnensis).

Hackberry

There was a time
children had to invent their games
as there were no toys.
    A generous tree
      offered little spherical fruits,
      almost with no flesh.
Once the tiny sweet bit
covering them was eaten,
you were left with the kernels in your hands,
hard and clean.
      What to do with them?
      Easy.
Make a blowpipe
they become deadly bullets
for fights between friends,
to shoot as far as possible
or for improvised weapons of rebellion.
      When grown-up, I learned the tree
we called the Minicucco was really the Hackberry,
the Bagolaro of Etna (Celtis aetnensis).

Pioggia

I contadini dicevano che la terra era arsa,

che era trascorso troppo tempo dall'ultima volta.

Ma era arrivata così forte, oggi,

   da fare straripare le acque più sottili,

      da fare esondare i torrenti che amavamo,

         da fare raffreddare anche il sangue caldo del vulcano.

Rain

The farmers said the land was scorched,

that too long had passed since the last time.

But it arrived so violently, today,

   that the smallest of streams overflowed

      and the torrents we loved burst their banks,

         and even the hot blood of the volcano was quenched.

Prismi

Anche i canyon in Sicilia
parlano una lingua diversa.

Noi li chiamiamo gole.
Ci piace l'idea d'inoltrarci
in meandri e anfratti,
in una sorta di gioco a rimpiattino.

Per noi dire gole significa dire
Gole dell'Alcantara.
Qui i prismi si accavallano,
si rincorrono nelle forre
sempre più strette,
incassati
in pareti ripide che tolgono il fiato.

Dall'alto s'intravede l'acqua cristallina
scorrere a volte lenta e timorosa,
a volte irruenta e veloce,
a formare cascate di frescura.

Prisms

Also the canyons in Sicily
speak a different language.

We call them gorges.
We like the idea of going forward
through meanders and clefts,
playing a sort of hide-and-seek.

For us gorges mean
the gorges of the Alcantara river.
Here the prisms stack up, overlay
and chase each other in the ever
narrower ravines,
embedded
in steep slopes that take your breath away.

From above, you can glimpse the crystalline water,
at times flowing slow and fearful
at others violent and fast
to form cascades of coolness.

Una fitta vegetazione è riuscita a crescere
miracolosamente sulla nuda roccia
e ha coperto di verdi armonie
il basalto.

Sembra la musica suonata
da un organo di pietra,
in apparenza statico,
eppure in movimento da millenni
per raggiungere queste geometrie
da perfetto architetto della natura.

A dense vegetation has managed to grow
miraculously on the bare rock
covering the basalt with shades of green.

Sounds like music played
by an organ made of stone
apparently static
yet in full motion since time immemorial
to arrive at these geometries
by the perfect architect of nature.

TERRA - EARTH   Inverno - Winter

Aria frizzante
ghiacciata come le bollicine di Champagne
entra nelle narici
nell'intestino
blocca ogni movimento
ti conduce al silenzio.

Un passerotto
cerca disperatamente una granaglia
non la trova
saltella intirizzito e speranzoso
più in là.

La neve
felice sintesi dei sette colori
splende del suo bianco
e non ha paura di sporcarsi.

Crisp air
icy like champagne bubbles
gets up the nostrils
into the stomach
halts all movement
making you silent.

A little sparrow
searches keenly for some grain,
but doesn't find any
it hops about, freezing and yet hopeful
further on again.

The snow
sublime synthesis of the seven colours
glistens with its brilliant white
unafraid of getting dirty.

Baita

Il tetto ricoperto di neve
sembra panna montata
spalmata con la spatola di un Maestro.
Gli spigoli netti
contrastano con le dolci curve
del grande peso bianco.
Silenzio.

Il piccolo tubo di rame della stufa
svetta orgoglioso verso il cielo,
sembra un piffero dalle note leggere
che lancia calde volute di riposo.
Calore.

Lo steccato attorno alla baita
rimane aperto su un lato
per accogliere improbabili ospiti.
Calma.

Il gigante sta dormendo.

Mountain hut

The roof is covered with snow
like whipped cream
spread by a chef's spatula.
The sleek edges
contrast with the soft curves
of the great white load.
Silence.

The small copper tube of the fire
rises proudly toward the sky,
like a pipe playing light notes
emitting warm spirals of repose.
Heat.

The fence around the hut
is open on one side
to receive unlikely guests.
Calm.

The giant is sleeping.

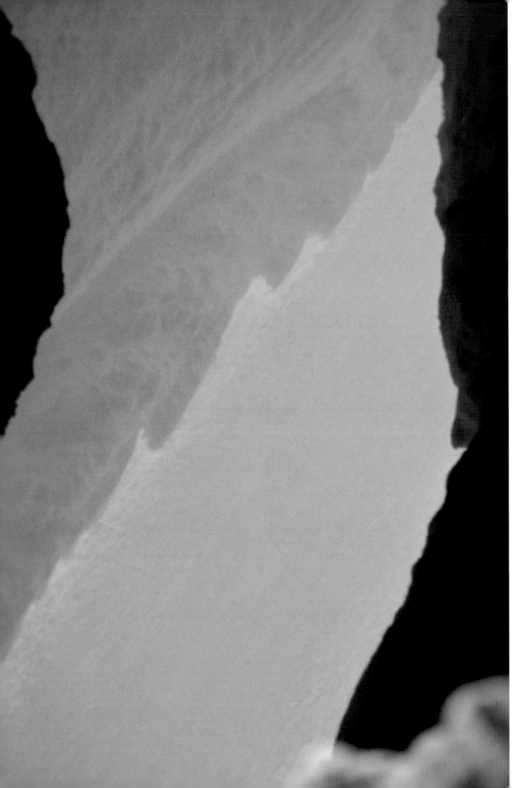

Ferite

I gialli capelli di zolfo
si sono arricciati
venendo allo scoperto.

Gli azzurrognoli
cristalli alcalini
ricamano ghirigori e merletti.

La lingua arrossata
è rimasta intrappolata.
Soffre di erutti
incontrollati,
di sughi che scottano,
di pentole incapaci
di contenerli.

La testa
sostiene il peso
di tanta foga senza riuscire
a pensare.

Wounds

The yellow strands of sulphur
have wrinkled
on emerging into the open.

The bluish
alkaline crystals
embroider swirls and laces.

The reddened tongue
remains entrapped.
It suffers from
unchecked belching
from scorching sauces,
in cauldrons unable
to contain them.

The head
sustains the load
of all that ardour
without managing to think.

Neve

Anima candida,
silente,
brilla di luce riflessa,
diamante donato da acqua e freddo.
    Eppure riscalda il cuore.
    Respiri.
Respiri e ti manca quasi il fiato
per quella purezza infinita.
Sonno.

    Dall'alto nessuna traccia.
L'aquila plana indisturbata,
niente prede all'orizzonte
stanno ancora tutte dormendo.
    È l'alba di un nuovo giorno.
Lenzuolo bianco steso sul grande vulcano,
per niente stropicciato dalla lunga notte,
la neve lo ha coperto per pudicizia.
    E il vulcano freddoloso,
    invecchiato dalle rughe del tempo,
    si è lasciato avvolgere per riposare.

Snow

Candid soul,
silent
gleaming with reflected light,
like a diamond, a gift from water and the cold.
    And yet, it warms the heart.
    You breathe.
You inhale and yet you're short of breath
for this endless purity.

    From above, no trace.
The eagle glides, undisturbed,
no prey on the horizon
they are still all asleep.
    It is the dawn of a new day.
White sheet spread out over the great volcano,
not crumpled by the long night,
the snow has covered it for modesty.
    And the volcano, suffering the cold,
    aged by the wrinkles of time
    lets itself be wrapped to slumber.

Sci

Uno strano rumore
proviene dalla soffitta.
Ci precipitiamo immaginando il peggio.
Trasecolati:
sei paia di sci stanno danzando un valzer,
gli slittini si stanno rincorrendo sul pavimento,
le tute e i doposci fanno a pugni
per scrollarsi la polvere di dosso.
Che meraviglia, è arrivata la neve!

Skis

A strange sound comes from the loft.
We hurry, fearing the worst.
Dumbstruck:
six pairs of skis are dancing the waltz,
the sledges play tag on the floor,
overalls and après-ski boots
have come to blows shaking off the dust.
How wonderful: the snow has arrived!

Souvenirs

Neanche il vulcano può sottrarsi
alla festa del souvenir.
    I turisti vogliono portare con loro
    un gemito di lava raffreddata.
L'artigiano è pronto a sudare e a rischiare,
tira su con lo stampo il pane per i suoi figli.
        Posacenere, anche per chi non fuma,
        brocche e ciotole immortalate all'istante.
Il ricordo di un istante felice.

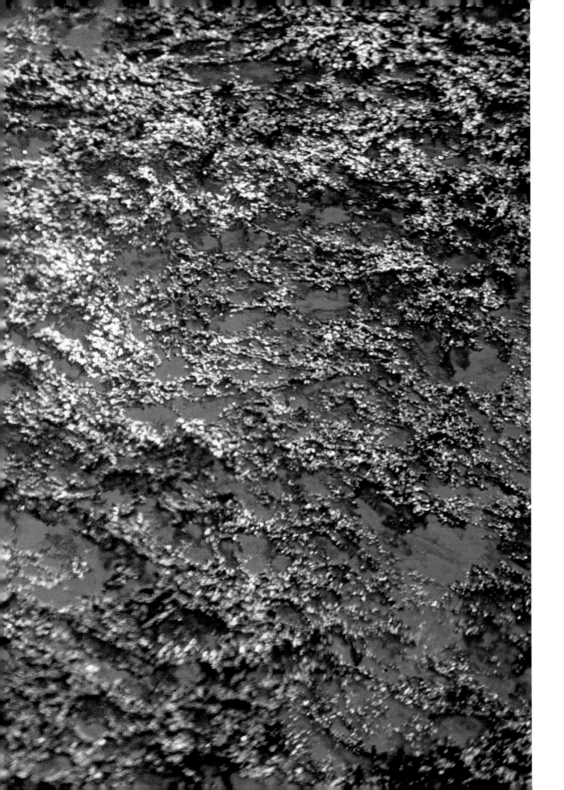

Souvenirs

Even the volcano cannot escape
the feast of souvenirs.
  Tourists want to take away
  a chunk of cooled lava.
The artisan is ready to toil and chance it,
He pulls up the mould to earn the bread for his children.
   Ash trays, for non-smokers too,
   pitchers and bowls immortalized that instant.
Memories of a happy moment.

Tramonti

Anche il giorno riposa.
Dice arrivederci al sole,
ripone le fatiche nel cassetto.

    Un tramonto visto dall'Etna
    è una tavolozza infinita di colori,
    un sempiterno alleato del crepuscolo.

A volte, una sottile malinconia
pervade lo sguardo di chi osserva
alla ricerca dell'ultimo chiarore.
    Non hai il tempo di coglierne l'essenza
    che è già altro.
    Altro il giorno,
    altro il luogo.
Ti accorgi con stupore che
ogni tramonto
somiglia soltanto a se stesso
e non può duplicarsi.
    Ma non sempre è così!

Sunsets

The day also needs a break.
It says adieu to the sun,
and puts all labours aside.

    A sunset seen from Etna
    is an infinite palette of colours,
    an everlasting ally of dusk.

Sometimes, a slight sadness
permeates the gaze of observers
searching for the last glimmer of light.
    No time to seize its essence,
    it has already changed.
    It's another day,
    another place.
You realize with wonder
that each sunset
is one and only,
and cannot be reproduced.
    But it is not always so!

Valle del Bove

C'è una grande madre
    che accoglie
        ciò che chiunque altro rifiuterebbe.
Non parla,
    si limita ad allargare le braccia
        per farlo entrare nel suo grembo.

Sa che se non ci fosse lei
molte altre cronache,
ripetute e amare,
cambierebbero il corso di una storia
già di per sè tormentata.

Valle del Bove

There is a great mother
    that welcomes
        what others might turn away.
She doesn't speak,
    she simply opens her arms
        to let the lava flow into her lap.

She knows if it weren't for her
many other tragic tales
recurrent and bitter,
would change the course
of an already anguished story.

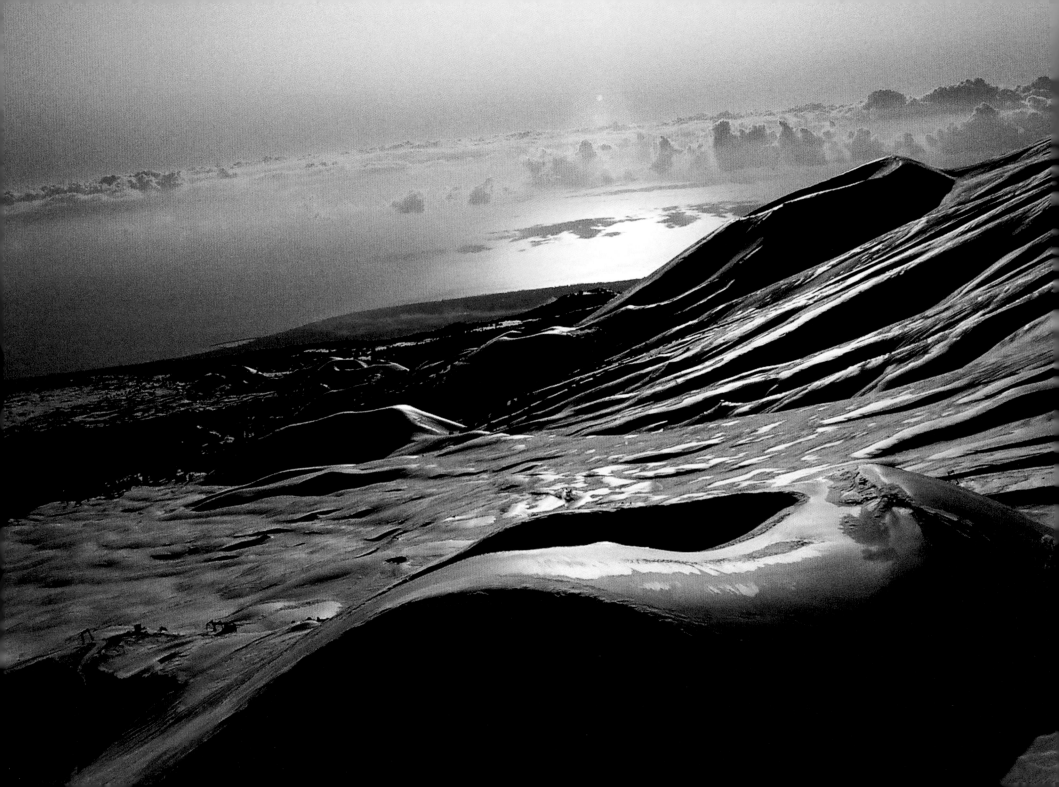

Figli delle pendici

La Gente dell'Etna è un crocevia di
passioni,
un lungo teorema di dolori,
una culla traboccchevole di amore.

Children of the mountain slopes

The people of Etna
are a crossroads of passions,
a long theorem of suffering,
a cradle overflowing with love.

Questa terra,
questa gente,
non ha eguali
come nessun altro.

    Vive della proiezione di se stessa,
    canta versi ormai desueti,
    si ciba di leccornie
    offerte a pochi intimi.
Non conosce barriere
né valichi da affrontare,
se necessario.
A volte piange.
    Piange per non continuare
    a ribellarsi,
    per il fardello
    che le è stato imposto
    dai vincitori.
Tuttavia, in cuor suo,
questa gente non conosce vincitori,
i tempi della lava
non li seguono.

This land,
these people,
are without equal
like nowhere else.

    Driven by the prospect of their lives,
    they sing verses that are obsolete,
    and feed on delicacies
    offered to a few close friends.
They know no barriers
nor borders to be crossed,
At times they weep.

    They cry since they can rebel
    no longer,
    for the burden
    they have been subjected to
    by the victors.
And yet, deep in their hearts,
they do not recognise the victors,
the seasons of the lava
do not follow them.

È l'arte a guidarli,
l'arte dell'ingegno,
della moda,
della scrittura,
della musica,
    l'arte della scienza,
    l'arte del duro lavoro,
        degli scalpellini,
        dei vignaioli.
Il passato,
ombra fugace della ribellione,
è un ricordo vivo da rinnovare.
    Il presente,
    fitto di ostacoli da superare,
    è gioia dell'essere vivi.
        Il divenire,
        irto di sentieri scoscesi,
        è profumato di odori e di speranza.
Nessuno dimentica
la Gente dell'Etna,
quando ha avuto l'onore
di conoscerla.

It is art that guides them,
the art of ingenuity,
of fashion,
of writing,
of music,
    the art of science,
    the art of hard work,
        of the stonemasons,
        of the winemakers.
The past
fleeting shadow of rebellion,
is a living reminder to renew.
    The present,
    full of obstacles to overcome,
    is the joy of being alive.
        The future,
        fraught with steep paths
        is fragrant and redolent of hope.
No one forgets
the people of Etna,
when they have the honour
of meeting them.

Gente siciliana,
gente dell'Etna.

La mia gente
è unica,
parola di vulcano.

Sicilian people
people of Etna.

My people
are unique,
word of the volcano.

Un paniere biologico d'inestimabile valore si offre al visitatore dell'Etna. *Partendo dalle scogliere a picco sul mare sin quasi alle sommità più desolate, si possono ammirare accattivanti giochi di colori e cambiamenti repentini che rapiscono l'anima. Perfino quando il freddo sferzante e la siccità estrema campeggiano indisturbati sulle rocce laviche più inospitali, alcuni timidi, e pur forti, cespugli di Romice e Senecio sfidano i nemici della vita e sopravvivono. La loro grande capacità di adattamento potrebbe servire da esempio agli esseri umani di oggi, viziati dal comodo riposo dell'inerzia.*

La forza del vulcano si esprime nella sua possente capacità di distruzione, nel piegare e condizionare la crescita di alcune specie, ma anche nella grande generosità nel produrre frutti meravigliosi che non hanno eguali nei territori che lo circondano.

Certamente, c'è da chiedersi come mai esiste la tendenza a ricreare paesaggi tropicali nei giardini delle ville che stridono pesantemente con l'oro naturale della nostra montagna.

La distruzione dei boschi, l'estensione delle aree coltivate, l'azione antropica che ha inciso profondamente sulla vegetazione del vulcano, sono le cause più evidenti della profonda trasformazione operata dall'uomo che ha causato la scomparsa di molti animali.

An organic treasure trove of inestimable value awaits those visiting Etna. Starting off from the vertical cliffs at the seaside almost right up to the most desolate summits, one may admire captivating displays of colour and rapid changes that enthral the spirit. Even when biting cold and extreme drought set in on the most hostile lava rocks, some hesitant yet strong shrubs of yellow dock and ragwort challenge the enemies of life and survive. Their extraordinary ability to adapt might serve as an example to today's humankind, so often spoilt by the comfortable numbness of inertia.

The power of the volcano is expressed in its mighty capacity for destruction, in the subduing and conditioning of the growth of various species, but also in its great generosity in producing marvellous fruits that have no equal in the surrounding territory. But therÈs a dilemma. How to comprehend the tendency to recreate tropical landscapes in the gardens of villas that clash so strikingly with the natural gold of our mountain?

The destruction of the forests, the extent of cultivated land and human intervention that have had a severe impact on the vegetation of the volcano, are the most evident causes of the profound transformation caused by mankind, which in turn has led to the disappearance of numerous animals.

La mano dell'uomo

Case grigie, rosse, gialle, ocra, persino rosa, si contendono la vista del viaggiatore perplesso dinanzi all'assenza quasi totale di omogeneità nel panorama architettonico dei paesi etnei.

Eppure, un elemento li accomuna e li rende fratelli, membri onorari della confraternita della lava: portali, mensole, balconi, viuzze, si pregiano di esistere grazie alla pietra nera che proviene dal rosso, a volte frammista a malte chiare e ad altre pietre della Sicilia non lavica.

Anche tale approccio multiforme pone l'accento sulla varietà di stili e dominazioni che hanno caratterizzato nel tempo l'opera dell'uomo.

The hand of man

Grey, red, yellow, ochre, even pink houses compete for the traveller's attention and the traveller remains bewildered by the nearly total absence of any kind of homogeneity in the panorama of the Etnean villages. And yet, one element unites them and renders them brothers, privileged members of the confraternity of the lava: portals, corbels, balconies, narrow streets, honoured to exist thanks to the black rock that comes from the red hot lava, at times mixed with white mortar and other Sicilian stone.

This multiform approach also highlights the variety of styles and dominations that have characterized human activity over time.

Catania, con la sua lunga storia di ventotto secoli, è oggi una delle quindici città metropolitane italiane. Il suo agglomerato urbano ha superato i confini comunali inglobando diversi paesi etnei: Aci Castello, Gravina di Catania, Mascalucia, Misterbianco, Nicolosi, Pedara, San Giovanni La Punta, San Gregorio di Catania, San Pietro Clarenza, Sant'Agata Li Battiati, Tremestieri Etneo, Viagrande e Valverde.

In un prossimo futuro, altri comuni etnei potrebbero entrare a far parte dell'Area Metropolitana di Catania. Venti sono già integrati nel Parco dell'Etna.

Catania, with its 2800 year long history is today one of the 15 metropolitan cities of Italy. Its urban agglomerate has grown beyond its administrative margins, having absorbed a number of Etnean villages including: Aci Castello, Gravina di Catania, Mascalucia, Misterbianco, Nicolosi, Pedara, San Giovanni La Punta, San Gregorio di Catania, San Pietro Clarenza, Sant'Agata Li Battiati, Tremestieri Etneo, Viagrande and Valverde.

Other Etnean districts may also become part of the metropolitan area of Catania in the future. Twenty have already been integrated into the Etna Park.

Catania

Sulla sommità di Porta Ferdinandea, oggi Porta Garibaldi, in fondo alla via omonima, è scolpita una fenice, il mitico uccello che rinasceva dalle sue ceneri, sotto cui si legge "MELIOR DE CINERE SURGO", "Risorgo sempre più bella dalle mie ceneri".

Vestito nuovo per un'immagine d'impatto, curata e profumata dopo ogni ricostruzione, unica città per ben nove volte parzialmente o totalmente distrutta nel corso dei secoli, Catania si è vestita a festa anche con i suoi nomi: il greco Katà Aitnen "Sotto l'Etna, ai piedi dell'Etna", il siciliano antichissimo Katàne "grattugia, scorticatoio" per indicare le caratteristiche della sciara tagliente e ruvida, i romani Càtane, Càtana, Catina.

Fu anche chiamata Etna dal tiranno siracusano Ierone primo e Balad-el-fìl, o Medinat-el-Fil, "La città dell'elefante", quando gli arabi la invasero nell'827.

Ierone Primo distrusse Catania nel 476 a.C. I catanesi nel 461 a.C. rientrarono nella loro città e la riedificarono. Governata da Marco Emilio e Lucio Aurelio, Catania fu semidistrutta da un'eruzione dell'Etna nel 122 a.C.

Catania

On top of the gate Porta Ferdinandea, now called Porta Garibaldi, at the upper end of Via Garibaldi, is a sculpture of the Phoenix, the mythical bird that was reborn out of its ashes. Below the sculpture is written "MELIOR DE CINERE SURGO", namely "I arise better each time from my ashes".

In new attire to make a striking impact, well-groomed and dapper after each reconstruction, the only city to be partially or totally destroyed nine times, Catania put on a show with its names too: the Greek Katà Aitnen – "Below Etna, at the foot of Etna"; the ancient Sicilian Katanè – like a "grater or stripping knife", referring to the typical nature of the sharp and abrasive scoriaceous lavas; the Romans called the city Càtane, Càtana, and Catina.

It was also called Etna by the tyrant Hiero of Syracuse, and later Balad-el-Fil, or Medinat-el-Fil, "The City of the Elephant" by the Arabs who invaded the town in 827. Hiero the First, destroyed Catania in 476 B.C. Fifteen years later, the Catanese people re-occupied and rebuilt the town. During the Roman age, under the governance of Marcus Emilius and Lucius Aurelius, Catania was heavily damaged by a major explosive eruption from Etna in 122 B.C.

L'eruzione del 1669 - The 1669 eruption.

La terza distruzione avvenne nel 1169 quando un cataclisma tellurico si abbattè su buona parte della Sicilia distruggendo quasi totalmente anche Catania. Nello stesso secolo, nel 1194, Catania fu distrutta dall'Imperatore Enrico VI, figlio di Barbarossa, divenuto re di Sicilia sposando Costanza d'Altavilla, erede del regno normanno. Nel 1232 Federico II di Svevia, per punire Catania del tentativo di adesione alla lega delle città guelfe, ordinò la distruzione della città.

Nei secoli successivi fu anche colpita dalla peste nel 1423 e nel 1576.

L'11 marzo 1669 l'Etna si squarciò dai crateri sommitali, giù sino a Nicolosi, dove oggi sorge il cratere chiamato Monti Rossi. Un'immensa colata lavica fuoriuscì per tutto il mese, seppellendo quindici borghi e villaggi, tra i quali Misterbianco e Belpasso, fino a quando, circondato il Castello Ursino, precipitò in mare il 23 aprile.

Dovuta al terremoto del 1693, la settima distruzione fu il più apocalittico e distruttivo disastro della storia di Catania tanto da cambiarne completamente il volto in città barocca e settecentesca. Su una popolazione di 25.000 abitanti, le vittime furono 16.050, i due terzi. Tutti gli edifici e i monumenti furono, con pochissime eccezioni, rasi al suolo.

The third destruction was caused by a cataclysmic earthquake in 1169, which ravaged much of Sicily and almost completely destroyed Catania. The same century, in 1194, Catania was destroyed by the Emperor Henry VI, son of Barbarossa, who had become King of Sicily by his marriage with Costanza d'Altavilla, heir of the Norman Empire. In 1232, Frederick II of Swabia, intent on punishing Catania for seeking to adhere to the League of Guelph city states, ordered the destruction of the town. In the following centuries, the city was also affected by plague in 1423 and 1576.

On 11 March 1669, the southern flank of Etna was ripped open from the summit down to Nicolosi, where today there is the huge crater known as Monti Rossi. An immense lava flow was discharged for the entire month, burying fifteen hamlets and villages including Misterbianco and Belpasso, before it surrounded the Castello Ursino on the edges of Catania and plunged into the sea on 23 April.

The seventh destruction of the town, due to the earthquake of 11 January 1693, was the most severe of all. It led to the most complete change in the overall aspect of Catania, becoming an eighteenth-century-style baroque city after its reconstruction.

Una violenta scossa di terremoto il 20 febbraio 1818 colpì l'intera area etnea.

A Catania gli edifici con evidenti difetti costruttivi subirono gravi danni. Moltissimi altri furono distrutti durante il secondo conflitto mondiale.

Se la maggior parte dei monumenti del periodo greco non ha avuto la fortuna di resistere fino ai giorni nostri, non si può dire lo stesso dei monumenti risalenti alla dominazione romana che, invece, rappresentano una delle maggiori attrazioni di Catania.

Nel periodo romano la città visse momenti di splendore così grande, grazie alla costruzione del teatro e del foro, delle terme e del circo, dell'anfiteatro e del ginnasio, che fu annoverata tra le venti città più importanti del mondo mediterraneo.

Oggi lo stile che caratterizza principalmente Catania è il barocco. Tutto il centro storico della città è costellato da una serie di edifici, costruzioni e monumenti del barocco siciliano che rientrano all'interno dei beni dichiarati Patrimonio dell'Umanità dall'Unesco nel 2002, insieme ai sette comuni del Val di Noto.

Terremoto del 1693. Fu il più apocalittico e distruttivo disastro della storia di Catania. Su una popolazione di 25.000 abitanti, le vittime furono 16.050. Tutti gli edifici e i monumenti furono, con pochissime eccezioni, rasi al suolo.

The 1693 Earthquake. This was the most apocalyptic and devastating disaster in the history of Catania. There were 16,050 victims out of a total population of 25,000. All buildings and monuments, with very few exceptions, were reduced to rubble.

A powerful earthquake struck the entire Etnean area again on 20 February 1818, damaging all the buildings in Catania that had been poorly constructed. Finally, during WWII, Catania was more heavily bombed than any other major town in Sicily, during 67 air raids. Almost 28,000 buildings were destroyed or severely damaged.

While most of the monuments of the Greek period were not fortunate enough to resist to the present day, the same is not so for the monuments of the Roman domination, which represent some of the most attractive aspects of Catania.

During the Roman period, the city experienced moments of such splendour, thanks to the construction of the theatre and forum, the thermal baths and the circus, the amphitheatre and the gymnasium, that it has been numbered among the twenty most important cities of the Mediterranean world.

Today, the style that mainly characterizes Catania is baroque. The entire historical centre of the town is dotted with edifices, buildings and monuments of the Sicilian baroque, so that Catania along with seven other towns of the Val di Noto were inscribed on the UNESCO World Heritage List in 2002 (Late Baroque Towns of the Val di Noto, South-Eastern Sicily).

D. Patanè

Dal mare al cielo

La Funivia dell'Etna

Un incomparabile scenario sospeso sull'azzurro del cielo, cullato dalle forme bizzarre delle nuvole, proiettato verso il mare cristallino dello Jonio, attende i visitatori. Da lassù la vista spazia sull'imponente presenza dei crateri, le storiche colate laviche e i depositi piroclastici da paesaggio lunare.

Vivere questo turbinio di sensazioni è possibile grazie alla Funivia dell'Etna, filo cortese e robusto che permette di accedere agevolmente a quota 3.000. Si parte dal piazzale del Rifugio Sapienza (1900 metri sul livello del mare) e si arriva a quota 2500 per poi continuare con fuoristrada navetta sino ai 3.000 m dove le guide dell'Etna sono disponibili ad assistere e accompagnare i turisti in piena sicurezza, seguendo percorsi diversi al variare delle eruzioni. La funivia dell'Etna fu costruita dal Conte Dino Lora Totino che ha realizzato il Traforo del Monte Bianco e ha costruito anche la funivia di Chamonix (per il periodo, la più alta del mondo).

Gestita per quarant'anni dall'imprenditore Gioacchino Russo, scomparso nel 2013 in un tragico incidente, la Funivia è diventata un'azienda, curata oggi dal figlio Francesco.

From the sea up to the sky

The Etna Cable Car

An inimitable scene suspended amid the blue of the sky, cradled by strange cloud forms and projecting down to the crystal sea of the Ionian coast, this is the spectacle awaiting visitors to Etna. From up here, the view extends over the impressive formation of craters, the historical lava flows and the broad expanse of pyroclastic deposits just like a lunar landscape.

Starting off from the Rifugio Sapienza service area, at 1900 m above the sea level, the cable car climbs up to an altitude of 2500 m. Here, the journey continues with four-wheel drive minibuses up to roughly 3000 m elevation where the Etna guides are ready to assist and accompany tourists in complete safety, following different routes depending on variations in the eruptive activity.

The Etna cable car was constructed by Conte Dino Lora Totino, who had also built the Mont Blanc tunnel and the Chamonix cable car (at that time the highest in the world). Managed for forty years by the entrepreneur Gioacchino Russo, who died in a tragic car accident in

Nel periodo invernale, nel versante Sud gli amanti degli sport invernali (sci alpino e di fondo) possono usufruire di 2 piste omologate, con larghezza da 35 a 40 m che si estendono per oltre 10 km. È possibile sciare anche sul versante Nord, nel comune di Linguaglossa, dove sono presenti adeguati impianti e attrezzature.

Un altro importante contributo alla fruizione del territorio proviene dalla Littorina, la storica Ferrovia Circumetnea, che parte da Catania e fa il giro del vulcano. Il percorso è molto apprezzato dai turisti, spettatori attoniti dei panorami che soltanto l'Etna sa regalare.

Realizzata nel 1895, la Ferrovia ha permesso ai centri di Adrano, Bronte, Maletto, Randazzo e Linguaglossa di potersi affrancare da un secolare isolamento.

Partendo dalla stazione Borgo di Catania, durante il tragitto si attraversano paesaggi profumati da agrumi, uve, pistacchi e sconfinate distese di macchia mediterranea e colate laviche.

2013, the Etna Cable Car became a company and is now run by his son Francesco. In the winter seasons, on the south flank of Etna, winter sports enthusiasts (alpine and cross-country skiing) can use the two tested and approved 35-40 m wide ski slopes, which run for over 10 km. It is also possible to ski on the northern flank, in the territory of Linguaglossa, where there are apposite structures and equipment.

Another important contribution to the development and use of the territory comes from the "Littorina", the historical Circumetnea railway, which starts from Catania and goes around the volcano. This itinerary is highly appreciated by tourists who may take in unique panoramas that only Etna can offer. The railway was built in 1895 and enabled the towns of Adrano, Bronte, Maletto, Randazzo and Linguaglossa to be freed from centuries of isolation.

Departing from the Borgo station in Catania, the train passes through landscapes of fragrant citrus fruit, vineyards and pistachio orchards, crossing broad areas of "macchia" or Mediterranean scrub and lava flows.

La linfa del vulcano nel sapore del cibo e dei vini

La Vitis Silvestris è stata la madre di tutti i vitigni.

Alla fine del neolitico, probabilmente per caso, un'uva spontanea donò la vita a un vino primordiale fermentato in buche scavate a terra e conservato in rozzi recipienti.

Molti popoli contribuirono alla nascita della Vitis Vinifera, dal Caucaso all'Egitto, arrivando al Mediterraneo che la accolse come un dono celeste. Il colore, il senso di ebbrezza, il profumo, diffusero ben presto la magia di questa coltura, e da coltura ne fecero cultura tutti i luoghi che vollero ospitarla.

Oggi, la mitica bevanda è diventata ambasciatore della storia. Non di una storia qualunque, ma della storia che ha segnato il lungo cammino dell'uomo nella parte buona e corroborante del suo spirito combattivo. Lo testimoniano gli infiniti terrazzamenti sulle pendici dell'Etna, chilometri di muri a secco innalzati contro le intemperie e le catastrofi, fieri di custodire i rigogliosi alberelli di vite. Non ci sono altri doni della terra che, come il vino, contraddistinguono in modo inequivocabile il rapporto, quasi di sangue, tra l'uomo e la terra in cui vive.

The volcano's lifeblood in the flavours of local food and wine

The Vitis Sylvestris (wild grape) was the mother of all vines.

At the end of the Neolithic age, most likely by chance, a spontaneously growing grape gave life to a primordial wine that had fermented in holes dug in the earth and conserved in simple containers.

Many different peoples contributed to the growth of the Vitis Vinifera, from the Caucasus to Egypt to later reach the Mediterranean area where it was received like a gift from the heavens. The colour, the sense of inebriation, the aroma, led to the rapid spread of the magic of this crop. All the areas suited to growing it were to make its cultivation a key part of the local culture.

Today, the legendary drink has become an envoy of history. Not just any history, but of a history that has marked the long path of mankind in the positive and revitalizing part of its combative spirit. Witness to this are the ubiquitous terracing on the slopes of Etna and the kilometres of dry stone walls that have survived the elements and disasters, proud to shield the thriving vines.

E da noi, questo connubio, non può fare a meno di ricondursi al vulcano, alla collina sospesa sul mare, alle sue terre ricche di potassio che aiuta il processo di maturazione dell'uva con effetti benefici sul livello alcolico, l'intensità cromatica e la qualità finale del vino. Ogni vino è il frutto di questo scambio reciproco, che ha radici profonde nella capacità dell'uomo di sapersi piegare alla forza della natura, fatto di tregue e di comprensione dell'altrui desiderio di affermarsi.

There are no comparable gifts of the earth to wine. It unequivocally embodies the intimate relationship between humans and the land they inhabit. Here at Etna, this bond may of course be traced back to the volcano, to the mountain towering over the sea. Its potassium-rich terrains help the ripening of the grapes, with beneficial effects also on the alcohol content, chromatic intensity and the final quality of the wine.

Chi viene da lontano è accolto in questo tripudio di braccia, enfasi, colori, sapori, profumi; s'inebria soltanto allo sguardo, si chiede come sia stato possibile. Fra i trentacinque vitigni custoditi gelosamente nella banca del germoplasma, alcuni in via d'estinzione, quelli che hanno contribuito a rendere la viticoltura uno dei settori più produttivi del vulcano, spiccano il Nerello mascalese, il Nerello cappuccio, il Caricante, il Cataratto e il Minnella.

Il vino dell'Etna, nelle sue tipologie Etna Rosso, Etna Rosato, Etna Bianco ed Etna Bianco Superiore, è stato il primo vino siciliano da tavola a ottenere, nel 1968, il riconoscimento della Denominazione di Origine Controllata. La fillossera e le eruzioni, che negli anni hanno duramente colpito le coltivazioni, non hanno piegato la forza dei produttori. Con antico vigore hanno continuato a lottare e sono riusciti a far conoscere nel mondo i pregiati vini che sono un fiore all'occhiello dell'economia siciliana. **Nata per promuovere la vitivinicoltura etnea di qualità, la Strada del vino dell'Etna è uno strumento propulsore dell'intero territorio, dei suoi prodotti d'eccellenza, del turismo non soltanto enologico.** È un viaggio tra le campagne rigogliose, tra i frutteti e gli agrumeti che circondano i paesi pedemontani. La strada attraversa i territori dei comuni di Giarre, Mascali, Santa Venerina, Zafferana Etnea, Milo, Sant'Alfio, Piedimonte Etneo, Linguaglossa, Castiglione di Sicilia, Randazzo, Nicolosi, Pedara, Viagrande e Trecastagni, con oltre venti aziende vitivinicole.

Every wine is the fruit of this mutual exchange, having its roots in the ability of man to adapt to the force of nature, made up of reconciliation and comprehension of each other's desire to express themselves.

Those coming from afar are greeted by this jubilation of endeavour, by the colours, flavours and scents; enough to become inebriated by the sight alone and wondering how such an achievement was was possible. Among the thirty-five vine varieties carefully safeguarded in the germplasm bank,

some nearing extinction, among those that have made wine production one of the most fruitful sectors on the volcano, of special note are the Nerello mascalese, the Nerello cappuccio, the Caricante, the Cataratto and the Minnella. Etna wine, with its main types Etna Rosso, Etna Rosato, Etna Bianco and Etna Bianco Superiore, was the first Sicilian table wine to be classified with the quality assurance "Controlled Designation of Origin" (DOC, denominazione di origine controllata) in 1968. Both the phylloxera (grapevine pest) and the eruptions, which over the years have severely hit the cultivations, have failed to bend the will and fortitude of the producers. With their age-old vitality, they have continued to struggle and have managed to make their precious wines, a flagship of the Sicilian economy, become known worldwide.

Created to promote Etnean quality wine production, the Strada del Vino (Wine Road) of Etna is an incentive for the entire territory, its quality products and for tourism not only centred on wine making. It is a journey through the flourishing farmland, the orchards and vineyards surrounding the mountain villages. The road passes through the territories of Giarre, Mascali, Santa Venerina, Zafferana Etnea, Milo, Sant'Alfio, Piedimonte Etneo, Linguaglossa, Castiglione di Sicilia, Randazzo, Nicolosi, Pedara, Viagrande and Trecastagni, with more than twenty wine-producing companies.

Non soffermiamoci sui molteplici itinerari enogastronomici che permettono ai turisti, e agli stessi isolani, di gustare pietanze prelibate e vini di estrema qualità. Tutte le agenzie turistiche fanno a gara per diffonderli. Ci limitiamo a elencare alcune delle pietanze tipiche tra le innumerevoli che compongono il nostro panorama gastronomico. Anche con il cibo il vulcano ha voluto contribuire all'evolversi delle specie che convivono con lui, non ultimo l'uomo.

Potrete, per questo arcano dono della fantasia, trovare la stessa ricetta riscritta in altrettanti modi, quanti sono quelli della creatività.

Nella gastronomia del vulcano colpisce il sapiente mescolarsi dei sapori del mare e della montagna, un legame indissolubile che ha segnato la cucina dell'Etna e la vita stessa della gente. Accade così per l'insalata di mare, i masculini marinati, le acciughe salate, la pepata di cozze, il mauru, la pasta con il nero di seppie, con il muccu o con i ricci, le sarde a beccafico e tutti i pesci che lo Ionio regala ai pescatori della costa per permetterci di arrostirli sulla brace o friggerli nell'olio d'oliva del circondario. La carne partecipa in modo preponderante alla tavola, anche per i costi inferiori: zuzzu e sangeli sono due esempi, spesso da cucina di strada insieme

We will not go into detail here on the numerous wine and food (eno-gastronomic) itineraries enabling both tourists and Sicilians alike to relish delicious meals and wines of extraordinary quality. There are many travel agencies contending with each other to publicise their itineraries to explore the food and wine of Etna. But we should mention some of the most typical among the countless dishes making up our culinary panorama. Also with regard to food, the volcano has managed to contribute to the evolution of the species living here, not least mankind!

Thanks to this mysterious gift of imagination, you may find a similar recipe but modified in as many ways as there of creativity.

Most striking in the gastronomy of the volcano is the savvy combination of flavours of the sea and of the mountain, an enduring bond that has hallmarked Etnean cuisine and the very life of the people. This is true for the mixed seafood salad (insalata di mare), the marinated "masculini" (tiny anchovies), the salted anchovies, peppered mussels, the "mauru", the pasta with black squid ink, "muccu" (new-born fish) or with sea urchins, the "sarde a beccafico" (sardines in the oven rolled in breadcrumbs) and all the fish that the Ionian Sea

alla carne di cavallo, che caratterizzano le zone tipiche di questa ristorazione, quasi tutta accentrata nei quartieri tipici di Catania.

Gli ortaggi costituiscono un elemento essenziale della cucina, sia quando servono da contorno sia quando costituiscono una pietanza completa: insalate d'arance, amareddi, caliceddi, broccoli, cavolfiori, carciofi, olive nere e bianche, parmigiane, caponate.

gives up to the fishermen allowing them to grill or fry them in the local oil. Meat predominates in the local cuisine, also because of its lower cost: "zuzzu" (a gelatinous sausage made from the cartilage of pork and beef meat) and "sangeli" (blood sausage) are two examples along with horse meat, which are characteristic for this area and especially in some quarters of Catania.

Vegetables are an essential element in the cuisine, both as a side dish and main course: orange salad, "amareddi" and "caliceddi" (cooked vegetables), broccoli, cauliflower, artichoke, black and white olives ... and the local vegetable specialties parmigiana and caponata.

Non togliete, però, ai figli dell'Etna la rosticceria.

La rosticceria catanese è tra le più rinomate d'Italia: gli arancini (arancine), croccanti palle di riso farcite di vario ripieno, la siciliana (sottile sfoglia di pasta fritta ripiena di tuma e acciughe), le crespelle salate (frittelle di soffice pasta, ripiene di ricotta fresca o acciughe), le scacciate (confezionate con pasta di pane farcita con abbondante tuma e acciughe, o verdure, o "u bastardu", e cotte al forno).

Dulcis in fundo la pasticceria, ormai esportata in tutto il mondo. Primeggiano i cannoli di ricotta, confezionati con una speciale pasta friabile farcita con una crema a base di ricotta e decorati con gocce di cioccolato fondente o frutta candita a pezzetti o pistacchio finemente tritato (esistono anche altre varianti: cannoli alla crema di cioccolato o alla crema gialla).

Seguono, e non in ordine d'importanza, la cassata siciliana (dolce tipico di tutta la Sicilia), la frutta martorana, o pasta reale, (morbida pasta a base di mandorle dalle molteplici forme di frutta colorata), le crespelle di riso (preparate con riso cucinato nel latte, fritte e condite con miele di zagara), i biscotti della monaca (con strutto, latte e aromi), le paste di mandorla, i torroni e i torroncini (con mandorle e nocciole),

But let's not deny the children of Etna their cherished rosticceria!

The Catania rosticceria is among the most renowned in Italy: arancini (fried rice balls, varied filling), the "siciliana" (fried pastry filled with tuma cheese and anchovies), the crispelle salate (fritters filled with ricotta or anchovies), the scacciate (pastry pie filled with tuma cheese and anchovies, or with vegetables, cauliflower…).

Dulcis in fundo, leaving the best or sweetest till last, the patisserie, the pastries that are exported all over the world. In pride of place are the cannoli filled with ricotta, made of a special crumbly pastry and filled with a ricotta based cream and decorated with dark chocolate drops, candied fruit or chopped pistachio (there are a number of other variants: cannoli filled with chocolate or custard cream); the Sicilian Cassata (a typical Sicilian ricotta and icing covered sweet cake); the frutta martorana or pasta reale, (a soft marzipan paste resembling different types of coloured fruits); the crispelle di riso (rice cooked in milk, fried and covered in orange flower honey); the "biscotti della monaca" (with lard, milk and spices), almond pastries and sweets, torroni and torroncini (with almonds and hazelnuts); the "olivette di

le olivette di Sant'Agata in onore della patrona della città. Rinomatissimi i gelati e le granite (conditi a richiesta con panna lavorata a mano). Tra queste ultime i sapori più diffusi sono alla mandorla, al limone, al caffè, al cioccolato, ai gelsi, alla pesca.

Sant'Agata" in honour of the patron saint of Catania. Equally delicious and rightly celebrated are the ice-cream and the local specialty granita, a denser more fruity kind of sorbet (topped with handmade whipped cream on request). The most common granita flavours are almond, lemon, coffee, chocolate, mulberry and peach.

Etna vulcano laboratorio - Etna volcano laboratory

La vulcanologia non deve, e non può, considerarsi una scienza nel senso stretto del termine, ma un settore di applicazione di diverse discipline scientifiche. In questa prospettiva si ravvisano forza intellettuale e capacità d'indagine pur nelle difficoltà da superare quando i diversi ambiti disciplinari si trovano a interagire.

Prevedere un'eruzione è l'obiettivo finale dei vulcanologi.

I vulcani sono sistemi naturali complessi che si evolvono e per i quali è possibile interpretare i fenomeni accaduti e in alcuni casi prevedere cosa potrebbe accadere in futuro, sebbene non con precisione deterministica.

La previsione può essere tanto più affidabile quanto meglio si conosce il vulcano, e tutti gli obiettivi che uno studioso persegue nelle sue ricerche sono solo tappe di avvicinamento alla previsione.

L'Etna, grazie alla sua frequente e variabile attività eruttiva, sia effusiva che esplosiva, rappresenta per gli studi di previsione un eccellente vulcano laboratorio.

Volcanology should not, and indeed cannot, be thought of as a science in the strict sense of the term, but rather a field in which different scientific disciplines are applied. Intellectual rigour and investigative ability recognise each other, overcoming the problems that can arise when different disciplines must interact.

The ultimate goal of the volcanologist is to forecast or even predict an eruption.

Volcanoes are complex and evolving natural systems, whose observable phenomena may be interpreted. In some cases, it is even possible to foresee what will happen in the future, though without deterministic precision.

The better the knowledge of a volcano then the more reliable the forecasting. All the objectives a scientist pursues in his or her research are only steps towards approaching the forecasting.

Thanks to its frequent and variable eruptive activity, both effusive and explosive, Etna is an outstanding volcano laboratory to study eruption forecasting or prediction.

Prevedere significa cercare di determinare tempo e luogo di un evento eruttivo, la tipologia, l'intensità, la durata e la sua evoluzione. Per raggiungere tali obiettivi, oggi soltanto in parte raggiunti, è necessario, innanzitutto, tenere i vulcani sotto continua sorveglianza e, attraverso le variazioni dei parametri monitorati, sperare di riuscire a rilevare in tempo utile il verificarsi di quei segnali anomali che potenzialmente potrebbero annunciare variazioni dello stato del vulcano, la ripresa dell'attività eruttiva e/o modifiche dell'attività.

Anche se il primo obiettivo, tempo e luogo di un'eruzione, per i vulcani ben monitorati e sorvegliati come l'Etna non presenta particolari problemi, nella maggioranza dei casi si è ancora ben lontani dal potere valutare la grandezza di un'eruzione e tantomeno la sua possibile durata ed evoluzione.

In ogni caso, anche per le migliori "previsioni probabilistiche" sull'inizio di un'eruzione, ancora oggi bisogna considerare un certo grado d'indeterminatezza nella finestra temporale entro la quale questa può verificarsi.

Tutto ciò deriva dal fatto che i processi eruttivi e anche quelli intrusivi, sono processi complessi e non ancora del tutto ben compresi.

Prediction means trying to determine the time and site of an eruptive event, its typology, intensity, duration, as well as its evolution. To reach these goals, only partly achieved today, it is above all necessary to keep volcanoes under continuous surveillance. From the variations in the monitored parameters, the aim is to detect in good time any anomalous signals that might potentially herald variations in the state of the volcano, such as a resumption or a change in eruptive activity.

Even though the first goal – predicting the time and site of an eruption – is not a major problem for volcanoes that, like Etna, undergo intense monitoring and surveillance, in most cases we are still a long way from being able to forecast the size of an eruption, and still less so its duration and evolution.

Nonetheless, even when making the best "probabilistic forecast" of the start of an eruption, it is necessary to concede a degree of uncertainty in the time window within which this might occur. This is because eruptive – and intrusive – processes are rather complex and not fully understood.

The task for those studying volcanoes should thus not only be to record and/or describe the phenomenology of an event merely to arouse curiosity in the reader, but rather to understand the process generating the event.

È convincimento di una parte degli scienziati che la vulcanologia è, per eccellenza, la scienza della complessità, della variabilità, dei processi aperti, del non determinismo.
Some scientists believe that volcanology is the science of complexity, variability, open processes, and non-determinism par excellence.

Il compito di chi si accinge a studiare i vulcani non dovrebbe essere quello di registrare e/o descrivere un evento fenomenologico con l'obiettivo di fornire elementi di curiosità al lettore, bensì quello di comprendere il processo che lo genera. Come per quasi tutti i processi legati ai fenomeni naturali, per i quali le cause non sono riproducibili, anche per quelli che sono all'origine di un'eruzione si cerca di caratterizzarli dagli effetti, utilizzando ancora oggi quel paradigma indiziario che alla fine dell'ottocento si affermò nelle scienze umane come l'antropologia. Ciononostante, in questi ultimi tre decenni, i progressi nel campo della vulcanologia sono stati considerevoli, anche se solo una parte della ricerca ha contribuito a un effettivo avanzamento delle conoscenze. In fisica, come in vulcanologia, il metodo riduzionista ha comunque portato a enormi successi, come nelle attuali teorie delle interazioni fondamentali, alla base di tutti i fenomeni che osserviamo. Tuttavia, non è sempre valida l'idea riduzionista secondo cui un fenomeno o un oggetto vanno scomposti nelle sue parti fondamentali per spiegarne il comportamento complessivo. Le singole parti di un sistema fisico non interagiscono sempre debolmente, ma sono spesso accoppiate con termini non lineari.

As for almost all processes linked to natural phenomena, whose causes are not reproducible, one seeks to infer from the effects, also from those at the origin of a volcanic eruption, by using even today the circumstantial paradigm that was established in human sciences such as anthropology at the end of the 19th century. In the past three decades, there has however been considerable progress in the field of volcanology, though only part of the research has effectively led to an appreciable advance in knowledge.

In physics, as in volcanology, the reductionist method has led to enormous successes, as in the current theories of the fundamental interactions that are at the root of all phenomena we observe. However, the reductionist idea by which a phenomenon or an object are broken down into their basic parts to explain the overall behaviour, is not always valid. The individual parts of a physical system do not always interact weakly, but are often coupled with non-linear terms.

Natural phenomena, including earthquakes and volcanic eruptions, are generally much more complex and irregular than they appear. They seem to be dominated by chance, challenging our capacity to predict, even when almost all phenomena can be described with deterministic laws.

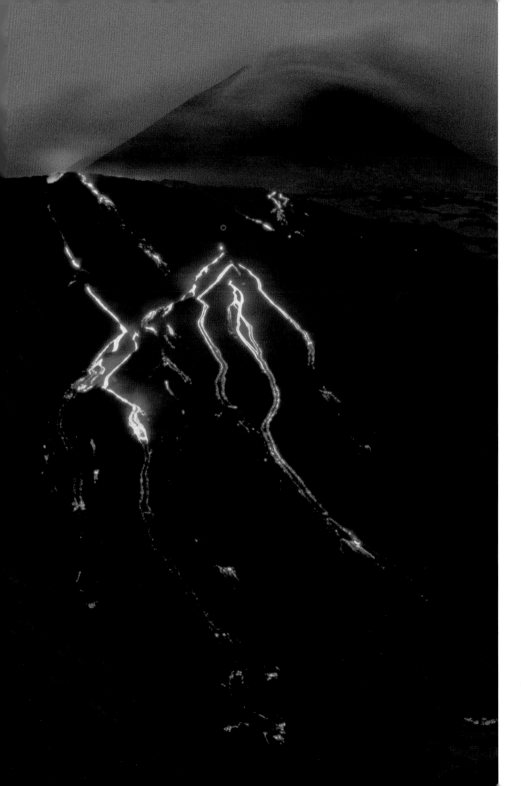

I fenomeni naturali, inclusi i terremoti e le eruzioni vulcaniche, sono in generale più complessi e irregolari di quanto appaiono a prima vista e sembrano dominati dal caso sfidando la nostra possibilità di previsione deterministica, nonostante quasi tutti i fenomeni sono descrivibili con leggi deterministiche.

Oggi è ampiamente condivisa l'idea che i vulcani possono essere definiti come sistemi complessi dinamici non lineari.

La variabilità nel loro comportamento rende molto ardua la possibilità che tutte le osservazioni possano essere condensate in un ristretto numero di equazioni matematiche.

In everyday speech, we use the word "chaos" to describe a phenomenon whose causes and evolution in time we fail to comprehend. This term is therefore often used for an event that occurs in a purely arbitrary and uncontrollable manner.

It has recently been discovered that various so-called chaotic phenomena cannot be described by classic models of mathematical analysis; researchers are thus seeking to find new mathematical models capable of describing and controlling them.

"Una causa piccolissima che sfugga alla nostra attenzione determina un effetto considerevole che non possiamo mancar di vedere, e allora diciamo che l'effetto è dovuto al caos"
(Henri Poincaré)

"A very small cause which escapes our notice determines a considerable effect that we cannot fail to see, and then we say that the effect is due to chance"
(Henri Poincaré)

Occorre, invece, provare a seguire un percorso diverso da quello prevalentemente riduzionista e cercare di integrare i singoli modelli interpretativi geofisici e geochimici per giungere a un singolo modello fisico, anche semplice, del comportamento del vulcano. Altrimenti, in mancanza di un modello unico interpretativo, si continuerà a seguire esclusivamente un percorso indiziario avvalendosi delle prove indirette di esperienze precedenti e non un metodo imperniato sul riscontro di ipotesi, così come avviene nella fisica galileiana.

And yet it is necessary to try to pursue an approach that is different from the prevalently reductionist method and attempt to integrate individual interpretative geophysical and geochemical models and combine them into a single – and even simple – physical model of a volcano's behaviour.

Without a unique interpretative model, we will continue to follow a solely circumstantial path, making use of indirect proof of prior experience and not of a method hinging on the results of hypotheses, as in Galilean physics.

Le scoperte scientifiche sono spesso frutto di processi non prevedibili. Talvolta i pregiudizi dello scienziato gli impediscono di intepretare correttamente ciò che studia.

A volte avviene il contrario…

Scientific discovery is often the fruit of unpredictable processes. Sometimes prejudice prevents a scientist from correctly interpreting the subject of his or her study.

And sometimes, the contrary happens …

Studi di previsione sull'Etna

Oggi gli studi di previsione in ambito vulcanologico sono strettamente connessi alla disponibilità di un efficace ed efficiente sistema di monitoraggio e sorveglianza, di dati di elevata qualità e di sofisticate metodologie e tecniche di analisi.

Anche se una relazione sicura tra fenomeni precursori ed eruzioni non è sempre ben definibile, un approccio multidisciplinare e multiparametrico, oltre all'impiego di un modello fisico costruito ad hoc per il vulcano, che tenga conto dell'osservazione di un elevato numero di eventi passati, potrebbe portare a notevoli successi nel campo della previsione delle eruzioni. Ovviamente, tale approccio è maggiormente perseguibile per i vulcani attivi ben monitorati con un'elevata frequenza di eruzioni, come l'Etna.

In tal senso l'Etna per la sua frequente e variabile attività eruttiva può essere considerato un laboratorio naturale.

Tutte le più recenti eruzioni dell'Etna, da quelle laterali del 2001, del 2002-2003 e del 2008-2009, sino a quelle sommitali cicliche del 2011-2013 e del 2014, sono state preannunciate da mesi di ricarica del sistema magmatico (previsione a medio

Forecasting and prediction at Etna

Studies on forecasting and prediction in volcanology are closely connected to the availability of an elaborate and efficient system of monitoring and surveillance, high-quality data and sophisticated analysis methods and techniques.

Although a relationship between precursory phenomena and eruptions is not always clear-cut, a multi-disciplinary and multiparameter approach, in addition to applying an ad-hoc physical model for the volcano, that takes account of a vast number of past events, could prove highly useful in eruption forecasting and prediction. Such an approach may certainly be applied at well-monitored active volcanoes that erupt frequently like Etna. In this sense, with its frequent and variable eruptive activity, Etna can be considered an extraordinary natural laboratory.

All recent eruptions of Etna, from the flank eruptions of 2001, 2002-2003 and 2008-2009, to the episodic summit eruptions of 2011-2014, were heralded several months ahead by the recharging of the magmatic feeder system (mid-term forecast), and weeks to days ahead by variations in the normally monitored parameters (short-term forecast).

termine) e da settimane a giorni/ore di variazioni nei parametri normalmente monitorati (previsione a breve termine). Le eruzioni laterali manifestano di norma intense fenomenologie sismiche e deformazioni del suolo nelle aree di apertura dei sistemi di frattura eruttivi, in seguito interessate dalle effusioni laviche. Tali eruzioni sono più facilmente prevedibili con tempi variabili da settimane-giorni a numerose ore prima.

Anche le più intense eruzioni nella parte sommitale del vulcano sono in genere precedute da variazioni dei parametri monitorati seppur di minor entità. Tuttavia, sino ad alcuni anni fa era impossibile rilevarli, poichè il sistema di monitoraggio in area sommitale dell'Etna non era sufficiente.

L'installazione, dal 2007-2008, di una più densa rete di stazioni geofisiche e geochimiche a quote maggiori di 2000 metri, l'evoluzione tecnologica delle strumentazioni sempre più sensibili e lo sviluppo di sofisticati sistemi di analisi dei dati e di modellazione, hanno consentito in questi ultimi anni di rilevare sempre con maggiore precisione anche le più piccole variazioni nei parametri monitorati. Ciò ha reso possibile prevedere con sufficiente precisione l'approssimarsi di un evento sommitale, seguirne l'evoluzione e stabilire in alcuni casi l'avvicinarsi della sua fine.

Flank eruptions are commonly preceded by intense seismic phenomena and ground deformation in the area where the eruptive fissures open to discharge lava. It is relatively easy to forecast such eruptions, within time windows ranging from weeks or days to many hours before their onset.

The most intense eruptions in the summit area of the volcano are also usually preceded by variations in the monitored parameters, though in a less conspicuous manner.

However, until a few years ago, it was virtually impossible to detect such signals because the monitoring system at Etna's summit area was inadequate.

The installation in 2007-2008 of a denser network of geophysical and geochemical stations at altitudes above 2000 m, as well as the technological evolution of increasingly sensitive stations and sophisticated data analysis and modelling systems have enabled recording even the tiniest variations in the monitored parameters with greater precision. It has become possible to forecast with sufficient precision the arrival of a summit eruptive event, follow its evolution, and in some cases even its imminent termination.

Concerning summit eruptions, the greatest successes in "probabilistic forecasting" (alert time windows from hours

Per le eruzioni sommitali i migliori successi nella "previsione probabilistica" (tempi di allertamento da giorni a ore) sono stati ottenuti in occasione dell'attività ciclica parossistica eruttiva e di fontane di lava del 2011-2014.

Le osservazioni condotte e le previsioni date, giorni-ore prima che si verificassero ciascuno di questi episodi eruttivi, si sono dimostrate particolarmente efficaci. Infatti, è stato possibile rilevare variazioni significative di diversi parametri sia geofisici (principalmente sismici e di deformazione del suolo) che geochimici e, di conseguenza, allertare con sufficiente anticipo la Protezione Civile.

Nonostante le migliori capacità di previsione raggiunte sull'Etna, alcune fenomenologie eruttive "minori" sono comunque ancora imponderabili. Per esempio, tra gli eventi eruttivi recenti non preceduti da rilevanti variazioni nei parametri monitorati si ricordano quelli occorsi tra agosto e novembre 2010 alla Bocca Nuova. Tali periodiche forti esplosioni sono state accompagnate anche da consistenti espulsioni di materiale lavico e piroclastico e costituiscono fonte di pericolo per l'attività escursionistica e turistica alle quote sommitali del vulcano.

to days) were obtained during the episodic paroxysmal activity with lava fountains of 2011-2014.

The observations and forecasts made, hours to days before each of these eruptive episodes, proved particularly effective. It was possible to detect significant variations of the various geophysical (seismic and ground deformation) and geochemical parameters, hence enabling to warn the Civil Defence in good time.

Although the current surveillance and monitoring systems at Etna have improved the reliability in eruption forecasting, some "minor" eruptive phenomena remain unpredictable.

Among the recent eruptive events that have not been preceded by any significant variation in the monitored parameters, of note are the phreatic (when magma heats ground or surface water) and phreatomagmatic explosions of August-November 2010 at the Bocca Nuova (see the images below, from the INGV-OsservatorioEtneo monitoring cameras); such events are commonly accompanied by the expulsion of volcanic rock fragments including a few of considerable size (tens of centimetres in diameter), and represent a significant source of danger to hikers and tourists in the summit area.

È evidente che le esperienze maturate sull'Etna, come su qualsiasi altro vulcano, non possono essere trasferite e applicate con successo su di un altro sistema vulcanico senza le necessarie valutazioni critiche.

It is clear that the experience gained from Etna, or any other volcano, cannot be successfully transferred and applied on another volcanic system without the necessary critical evaluations.

Pericolosità vulcanica e sismica dell'Etna

L'Etna rappresenta un elemento di pericolo non indifferente per le comunità che vivono alle sue pendici.

I fenomeni naturali e i disastri a essi collegati sono spesso considerati dalla maggior parte delle popolazioni in maniera molto simile al modo in cui le malattie erano considerate agli inizi del XIX secolo e cioè sono ritenuti imprevedibili e dovuti alla sorte avversa, nonostante la "scienza" abbia dato all'uomo gli strumenti per la corretta percezione della loro pericolosità.

La comunità etnea, pur non sempre pienamente consapevole, affronta i pericoli legati all'attività eruttiva dell'Etna con razionale serenità, mentre teme maggiormente gli eventi sismici che possono accadere in Sicilia orientale o quelli che normalmente precedono, accompagnano e seguono le eruzioni, anche a causa della scarsa affidabilità del patrimonio edilizio esistente. Tale serena convivenza con il vulcano è trasmessa anche al visitatore, a dimostrazione di un legame indissolubile che si è creato tra la natura e l'uomo in questa suggestiva regione, di notevole fascino per i turisti che la visitano.

Volcanic and seismic hazard of Etna

For the community living on the slopes of Etna, the volcano is potentially highly dangerous.

Natural phenomena and related disasters are often considered by many similarly to the way diseases were thought of at the beginning of the 19th century, namely unpredictable and induced by adverse fate, even though "science" has given mankind the tools for an accurate perception of their dangers.

The Etnean community, albeit not always fully aware, faces the dangers related to Etna's eruptive activity with a rational and generally serene approach. They tend to fear the seismic events that can happen in eastern Sicily or those that normally occur before, during and after eruptions to a greater degree, also owing to the poor structural integrity of many buildings in the area. This composed coexistence with the volcano is also transmitted to the visitor, demonstrating the unbreakable bond that exists between nature and mankind in this enchanting area, of such great fascination to tourists.

The continuous eruptive activity of Etna and the numerous and often powerful, sometimes catastrophic earthquakes that

La continua attività eruttiva dell'Etna e i numerosi e forti terremoti, spesso catastrofici, che si sono verificati in passato in quest'area e in Sicilia orientale, non hanno mai costituito un deterrente all'insediamento delle popolazioni, anche e soprattutto per l'elevata fertilità dei suoli. Ciò a testimonianza che non sempre l'uomo ha avuto coscienza dei pericoli naturali presenti nel territorio in cui vive, al pari dei tanti altri pericoli del vivere quotidiano.

Nel corso dei secoli gli insediamenti della popolazione etnea hanno lentamente risalito le pendici del vulcano raggiungendo, in alcuni settori del vulcano, i mille metri e oltre. In particolare, il versante Sud, dagli anni '60, è stato interessato da un'intensa espansione edilizia dovuta inizialmente alla diffusione del fenomeno della "seconda casa" e poi al trasferimento delle residenze dei catanesi verso i centri urbani di prima e seconda corona, posti a Nord-Est, rispetto a Catania.

La costituzione del Parco dell'Etna nel 1987 ha avuto il merito di bloccare questa espansione edilizia verso le quote più alte del vulcano, consentendo principalmente di tutelare la natura dall'invasione del turismo di massa legato alla diffusione dei mezzi di trasporto personali.

have taken place here and in eastern Sicily, have never proved an obstacle to settling there, most of all for the notable fertility of the soil. This is testimony to the fact that humans have not always been fully conscious of the natural dangers present in the areas they live in, in much the same way as for the other dangers of everyday life.

Over the centuries, the settlements of the Etnean population have gradually expanded further up the slopes of the volcano, reaching in some places up to 1000 m and beyond.

The southern flank has particularly seen intense urban growth since the 1960s, firstly due to the trend of having a "second home" and then to the transfer of residents from Catania into the village belts surrounding the city, mostly to the northeast of Catania.

The setting up of the Etna Natural Park in 1987 is to be thanked for halting this urban expansion further up the volcano. It has also allowed protecting the natural environment from mass tourist invasion with the increasing availability of personal transport. In addition, it enables regulating and coordinating the development of tourism activities to ensure access to the sites of interest and improve the overall welfare of the population living in this territory.

Il Parco ha inoltre permesso di regolamentare e coordinare meglio lo sviluppo delle attività turistiche per garantire fruibilità ai luoghi e benessere alle popolazioni insediate nel territorio.

Le frequenti eruzioni verificatesi nel corso dei secoli, unitamente ai forti terremoti, che ancora oggi possono interessare le medie e basse falde dell'Etna, rendono concreto il pericolo nei confronti di una parte consistente del tessuto economico-sociale etneo. Pertanto, diventa necessario tenere conto della pericolosità di questi eventi potenzialmente calamitosi nella pianificazione e gestione territoriale dell'area etnea, anche in considerazione dell'elevata vulnerabilità strutturale dell'Area Metropolitana di Catania e dei numerosi paesi presenti alle pendici del vulcano.

The frequent eruptions that have occurred over the centuries, along with the major earthquakes, which still today threaten the middle and lower slopes of Etna, are a real danger to a considerable part of the Etnean economic and social fabric.

It is thus necessary to consider the hazards of these potentially devastating events in the planning and management of the Etnean territory, especially with regard to the high degree of structural vulnerability of the city of Catania and the numerous smaller towns on the flanks of the volcano.

L'Etna generalmente non è ritenuto un vulcano pericoloso e una minaccia per gli abitanti delle sue pendici, visto che il magma spesso fuoriesce relativamente povero in gas e le sue eruzioni producono colate laviche lente e regolari.

Maggiore pericolosità presentano le eruzioni vulcaniche esplosive caratterizzate da una più grande energia, in quanto i magmi sono ricchi in gas. Questo tipo di eruzioni si sono verificate sull'Etna circa 15.000 anni fa, quando una serie di esplosioni catastrofiche distrussero uno degli edifici vulcanici precedenti l'attuale Mongibello.

Anche in epoca storica questo vulcano ha avuto fasi di attività molto esplosiva, come nel 122 a.C. quando una eruzione pliniana, di energia comparabile a quella del Vesuvio che distrusse Pompei ed Ercolano nel 79 d.C., produsse una grande quantità di prodotti piroclastici, cenere e lapilli, coprendo interamente il versante sud-orientale del vulcano e causando notevoli danni all'antica città di Catania.

Pertanto occorre sempre tenere presente che anche l'Etna, nonostante il suo carattere prevalentemente effusivo, presenta un potenziale eruttivo di tipo esplosivo, come dimostrano le più recenti eruzioni del terzo millennio.

Etna is generally not considered a dangerous or threatening volcano to those living on its flanks. This is because the magma discharged is often low in gas content and its eruptions produce lava flows that move slowly and regularly.

Explosive eruptions characterized by higher energy are a greater hazard since the magmas are richer in gas content. Eruptions of this type occurred at Etna about 15,000 years ago, when a series of catastrophic eruptions destroyed one of the volcanic edifices preceding the present day Mongibello.

The volcano underwent phases of highly explosive activity also in historical time, such as in 122 B.C., when a Plinian eruption – comparable in energy to the A.D. 79 Vesuvius eruption that destroyed Pompeii and Herculaneum – produced a huge quantity of pyroclastic material, ash and lapilli, which covered the southeastern sector of the volcano entirely and caused heavy damage to the ancient town of Catania.

It should therefore be remembered that also Etna, despite its prevalently effusive character, has a highly explosive potential, as demonstrated by the recent eruptions in the Third Millennium.

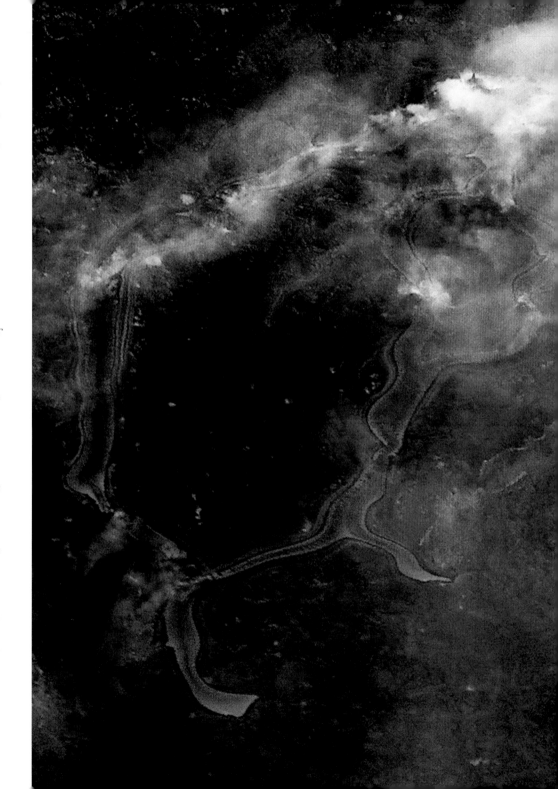

La pericolosità vulcanica e sismica del territorio, e quindi dei relativi rischi associati, costituiscono insieme premessa indispensabile per la realizzazione di opere e comportamenti necessari alla serena convivenza con il vulcano.

Per preparare la popolazione a un'eventuale emergenza non basta l'attività d'informazione, anche se di fondamentale importanza, in modo da trasferire conoscenze e produrre sensibilizzazione ed educazione. Occorre inoltre coinvolgere maggiormente le comunità locali in modo attivo, anche attraverso la partecipazione e la realizzazione di piani locali di emergenza e di periodiche esercitazioni.

Oggi gli strumenti per trasferire le conoscenze consentono di colmare i vuoti di una politica dell'ambiente e del territorio in termini di difesa dai possibili danni di quei fenomeni naturali che, per comodità, sono definiti "calamità naturali". Politica ambientale per la quale anche la comunità scientifica ha le sue responsabilità, mentre lo scienziato, istituzionalmente, deve occuparsi maggiormente della ricerca. Tuttavia, i risultati della ricerca devono essere trasferiti a quegli enti che hanno come compito la salvaguardia del territorio e delle popolazioni e arrivare al grosso pubblico, e lo scienziato, in questo caso, non può prescindere dall'interagire con tecnici di diversa estrazione, politici e mezzi di comunicazione di massa.

Knowing the volcanic and seismic hazards of the area, hence associated risks, is essential to implement specific works and help bring about an appropriate response and conduct to facilitate a serene coexistence with the volcano.

To prepare the local population for a possible emergency, simple information is not enough, though clearly this is fundamental to convey knowledge and raise awareness.

It is also important to actively involve local communities to a greater degree, through participation and the establishment of local emergency plans and periodic drills.

The tools available to spread knowledge enable filling the voids left by an environmental and territorial policy in terms of protection against potential damage by natural phenomena that for convenience sake we call "natural disasters". The scientific community also has its part to play in this environmental policy, while the scientist, by vocation, must chiefly undertake research. However, the results of this research need to be passed on to those departments and organisations tasked with safeguarding the territory and the population as well as the broader public; in this case scientists cannot hold back from interacting with technicians of different backgrounds, with politicians and the mass media.

Compito dello scienziato è anche quello di formare gli informatori: non solo nel senso di fornire notizie chiare e puntuali sui fenomeni, ma anche nel senso di combattere con ogni mezzo le interpretazioni strumentalmente scorrette e la diffusione di notizie "false e tendenziose".

È vero, infatti, che spesso all'informazione, comunque fatta, si sostituisce, più o meno in maniera subdola, la disinformazione.

Ormai è a tutti ben noto come per la maggior parte dei disastri naturali è impossibile impedire il verificarsi dell'effettivo processo geologico o meteorologico, che si tratti di eruzioni vulcaniche, di scosse sismiche o di eventi metereologici estremi (alluvioni, cicloni, forti raffiche di vento, ecc.). Tuttavia, è possibile adottare politiche di mitigazione anche per gli eventi catastrofici che hanno come obiettivo principale la riduzione della vulnerabilità degli elementi soggetti a essere colpiti.

It is also the duty of the scientist to educate those dealing with information: not only in providing clear and timely news on the phenomena, but also to combat misleading or incorrect interpretations and the spread of false and biased news.

This is essential because information provided may sometimes be replaced, in a more or less underhand manner, by disinformation.

It is now well known that for most natural disasters it is impossible to prevent or stop the geological or meteorological process, be it a volcanic eruption, earthquake or extreme meteorological event (flooding, cyclones, heavy storms etc.). But it is possible to adopt mitigation policies for such catastrophic events too, whose main objective is to reduce the vulnerability of both persons and objects most likely affected.

In Italia le prime realtà scientifiche in campo vulcanologico e sismologico fecero il loro esordio nel corso dell'Ottocento. Su iniziativa di Mario Gemmellaro nel 1804 fu costruito sull'Etna un rifugio a circa 3000m s.l.m. che rappresentò il primo osservatorio vulcanologico ad alta quota del mondo.

The earliest scientific work in the field of volcanology in Italy began in the 19th century. In 1804, on the initiative of Mario Gemmellaro, a mountain refuge was built on Etna at roughly 3000 a.s.l. and was the first high-altitude volcano observatory worldwide.

L'Osservatorio Etneo - Sezione di Catania dell'Istituto Nazionale di Geofisica e Vulcanologia (I.N.G.V.)

The Etna Observatory - Catania Section of the National Institute of Geophysics and Volcanology (I.N.G.V.)

La Sezione di Catania dell'I.N.G.V., che nel maggio del 2011 ha preso il nome di Osservatorio Etneo, nasce nel 2001 dalla fusione dell'Istituto Internazionale di Vulcanologia (I.I.V.) del Consiglio Nazionale delle Ricerche (C.N.R.) e dal Sistema Poseidon, quest'ultimo creato alla fine degli anni 90' dall'intesa tra il Governo nazionale e quello regionale siciliano, con compiti di monitoraggio e sorveglianza sismica e vulcanica in Sicilia orientale. Questa Sezione rappresenta, pertanto, da oltre un quarantennio la concreta risposta della comunità scientifica all'esigenza di creare un polo di ricerca avanzata nel settore della vulcanologia, ponendosi al servizio della collettività, finalizzando le proprie iniziative alla

The Catania Section of the I.N.G.V., which adopted the name "Etna Observatory" in May 2011, came about from the merging of the I.I.V. and the Sistema Poseidon, the latter created a few years earlier after an agreement between the national and regional (Sicily) governments. It is responsible for the monitoring and surveillance of seismic and volcanic activity in eastern Sicily. For more than 40 years now, the Catania section of the I.N.G.V. represents a concrete response of the scientific community to the need to create a pool of advanced research in volcanology. It sets itself at the service of the community, with initiatives aimed at evaluating the hazards of the active Sicilian volcanoes and mitigating risks

valutazione della pericolosità dei vulcani attivi siciliani e alla mitigazione dei rischi dell'attività vulcanica. Oggi l'Osservatorio Etneo rappresenta una struttura di ricerca strategica di eccellenza nel panorama siciliano e mondiale, grazie anche al rinnovato sistema di monitoraggio e sorveglianza geofisica e vulcanica operante in Sicilia sia sull'Etna (165 strumenti di tipo geofisico, geochimico e vulcanologico) che sugli altri vulcani attivi siciliani (Stromboli e Vulcano nelle Isole Eolie, Pantelleria, Linosa).

related to volcanic activity. Today, the Etna Observatory is a leading and strategic research body in both the Sicilian and global panorama. This is also thanks to the up-to-date geophysical and volcanological monitoring and surveillance systems operating on Etna (165 permanent geophysical, geochemical and volcanological instruments) as well as on the other active Sicilian volcanoes (Stromboli and Vulcano in the Aeolian Islands, and Pantelleria and Linosa in the Strait of Sicily).

Nell'alto versante settentrionale del vulcano, nel 1981 fu completata dall'I.I.V. la costruzione dell'Osservatorio di Pizzi Deneri, unica struttura vulcanologica ad alta quota oggi presente sull'Etna che contiene importanti strumentazioni scientifiche.

La tecnica di costruzione (Binishell), ideata da Dante Bini, avveniristica per quel periodo e tuttora molto efficace, ha permesso di realizzare le cupole mediante insufflazione di aria compressa in due teli di plastica racchiusi da reticolati di metallo elastico e cemento. Il risultato è una struttura autoportante, ecologica e particolarmente resistente a condizioni meteo estreme.

In 1981, the construction of the new Pizzi Deneri Observatory on the upper northern flank of the volcano was completed, currently the only high-altitude volcanological structure on Etna housing important scientific instruments.

The construction technique (Binishell) devised by Dante Bini was futuristic for its time and is still very efficacious; its cupolas were built using air insufflation into two plastic sheets wrapped with elastic iron mesh and cement. The result is a self-supporting structure, environment-friendly and resistant to extreme meteorological conditions.

Uno sguardo dentro il vulcano

L'Etna sorge in una regione complessa dal punto di vista geodinamico, dove la distribuzione delle principali strutture tettoniche (faglie) gioca un ruolo fondamentale nella sua dinamica eruttiva. In questi ultimi decenni, grazie alle reti strumentali installate e alle più moderne tecniche di misura e di analisi adottate, è divenuto uno dei vulcani più studiati e sorvegliati al mondo. Malgrado ciò, ancora oggi non si ha un'adeguata conoscenza della struttura interna del vulcano, nonostante sia fondamentale per la comprensione e la simulazione sul lungo periodo del suo comportamento.

Come possiamo scoprire cosa accade all'interno dei vulcani? Oggi possediamo metodi indiretti di studio che, sebbene ancora molto limitati, permettono di investigare l'interno della terra.

I terremoti producono differenti tipi di onde sismiche che attraversano la terra, riflettendosi o rifrangendosi sulle discontinuità principali degli ammassi rocciosi che presentano proprietà fisiche differenti. Le loro registrazioni sono analizzate matematicamente e ci forniscono informazioni utili per comprendere non solo la natura degli eventi sismici,

A look inside the volcano

Etna is located in a complex setting from a geodynamic viewpoint, where the distribution of the main tectonic structures (faults) plays a key role in its eruptive dynamics.

In recent decades, thanks to the instrumental networks installed and the most up to date techniques of measurement and analysis, it has become one of the most studied and monitored volcanoes in the world. Nonetheless, we still do not have adequate knowledge of the internal structure of the volcano, though this is fundamental to understand and simulate its behaviour over the long term. How can we find out what happens inside volcanoes? Today we have indirect study methods which, though still very limited, allow investigating the Earth's interior. Earthquakes produce different types of seismic waves that traverse the Earth and are reflected and refracted along the main discontinuities within rock masses of varying physical properties. Recording these seismic waves allows analyzing them mathematically, and thus to gather useful information to understand not only the nature of the seismic events but also the deep structures of the Earth. The term "tomography" used in seismology was borrowed from

ma anche la struttura profonda della terra. Il termine "tomografia" fu importato in sismologia dalla radiologia medica, assieme ad alcune tecniche matematiche, nei primi anni '80. L'analogia si fonda sul fatto che come per i raggi X in medicina, in sismologia le onde elastiche generate dai terremoti sono trasmesse attraverso un oggetto. La tomografia sismica sfrutta quindi le registrazioni delle onde generate in modo naturale da un terremoto, o in modo artificiale da un'esplosione, per ottenere immagini tridimensionali della struttura interna della Terra. Questa tecnica, applicata in sismologia solo da alcuni decenni, si sta dimostrando molto utile per acquisire una conoscenza più completa e dettagliata della struttura di un apparato vulcanico. Essa è impiegata anche in ambito industriale, geotermico e per la ricerca di giacimenti petroliferi.

Gli studi tomografici condotti in questi ultimi dieci anni sull'Etna hanno permesso di rilevare la presenza di alcune regioni a bassa velocità sismica dove può risiedere il magma all'interno dell'edificio vulcanico e nella crosta intermedia, tra i 10 e i 15 km di profondità, e di meglio conoscere le principali vie di risalita verso la superficie. La presenza di queste regioni a bassa velocità è di fondamentale importanza,

medical radiology, together with a number of mathematical techniques, in the early 1980s. The analogy derives from the fact that as for X-rays in medicine, elastic waves generated by earthquakes in seismology are transmitted through an object.

Seismic tomography thus exploits the recording of waves generated naturally by an earthquake, or artificially by an explosion, to obtain three-dimensional images of the internal structure of the Earth. This technique, applied in seismology only for a few decades, has proved very useful to better understand the internal structure of volcanoes. It is also used in industrial, geothermal and petroleum exploration sectors.

Tomographic studies carried out at Etna over the past ten years have enabled detecting a number of low-velocity areas where the magma may reside in the volcanic edifice and intermediate crust, between 10-15 kilometres deep, as well as better comprehending the main conduits of magma ascent to the surface. The presence of these low-velocity bodies is crucial in that computer simulations for example can be made to predict how eruptions may evolve. Furthermore, thanks to tomographic studies it has been possible to detect a large body beneath the Valle del Bove, with a high propagation velocity of seismic waves (located in the central portion of the volcano

poichè, per esempio, si possono compiere simulazioni al computer per prevedere come potrebbero svilupparsi eventuali eruzioni. Gli studi tomografici hanno permesso di individuare sotto la Valle del Bove un corpo, di grandi dimensioni, con un'elevata velocità di propagazione delle onde sismiche (localizzato nella porzione centrale del vulcano tra la superficie del mare e i 15 km di profondità). Questo corpo è stato interpretato come un ammasso intrusivo di origine magmatica molto compatto ("plutone") inglobato nelle rocce sedimentarie circostanti e si ritiene si sia formato nel corso dell'evoluzione del vulcano, a seguito delle periodiche risalite di magma destinate ad alimentare le eruzioni.

I più recenti studi multiparametrici e tomografici hanno permesso di conoscere con un buon dettaglio le regioni dove il magma può risiedere (camere magmatiche) e di comprendere meglio i processi che favoriscono la sua risalita (p.e. Patané et al., 2006, 2011). Per giungere a un quadro conoscitivo più completo della struttura crostale su cui poggia l'Etna e della distribuzione delle principali strutture tettoniche (faglie), anche nelle aree limitrofe del vulcano, nel 2012 è stato programmato un nuovo esperimento di sismica attiva, realizzato nell'estate del 2014.

at a depth ranging from sea-level to 15 km). This body has been interpreted as a highly compact intrusive mass of magmatic origin ("pluton") incorporated within the surrounding sedimentary rocks. It is believed to have formed during the evolution of the volcano due to the periodic ascent of magma coming from the upper mantle and destined to feed eruptions.

The most recent multi-type studies (seismic, ground deformation, petrographic and geochemical) and tomography have provided detailed information on the regions where the magma may reside at depth (magma chambers) and better understand the processes aiding its ascent to the surface (e.g. Patané et al. 2006, 2011). However, to arrive at a more complete knowledge framework of the crustal structure on which Etna stands and the distribution of the main tectonic structures (faults), also in the neighbouring areas of the volcano, a new experiment was planned in 2012 on active seismicity and undertaken in the summer of 2014.

Patané D., Aliotta M., Cannata A. et al., 2011, Interplay between tectonics and Mt. Etna's volcanism: insights into the geometry of the plumbing system, InTech, Tectonics / Book 2, ISBN 979-953-307-199-1.

Patané D., Barberi G., Cocina O., De Gori P. and Chiarabba C., 2006, Time resolved seismic tomography detects magma intrusion at Mt. Etna, Science, 313, 821-823.

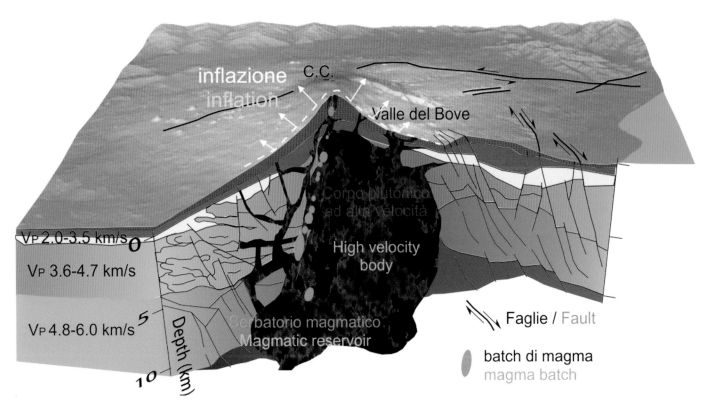

Modello tridimensionale della struttura interna dell'Etna ottenuta dalla tomografia in velocità; questa ha messo in evidenza la presenza di un grande corpo plutonico (corpo ad alta velocità, HVB) localizzato tra i crateri centrali e la parete meridionale della Valle del Bove. Sempre grazie agli studi tomografici è stato possibile evidenziare la presenza di un serbatoio magmatico localizzato a una profondità tra circa 7 e 13 km dalla quale si diparte il magma che alimenta la frequente attività eruttiva del vulcano.

3D model of the internal structure of Etna obtained by velocity tomography; it highlights the presence of a large plutonic body (High Velocity Body, HVB) between the central craters and the southern wall of the Valle del Bove. Thanks again to the tomographic studies it was possible to detect the presence of a large magma reservoir located at a depth between about 7 and 13 kilometers, from which magma batches ascend that fuel the frequent eruptive activity of the volcano.

L'esperimento TOMO-ETNA (2014)

Perseguendo l'obiettivo principale di ottenere una nuova tomografia ad alta risoluzione della crosta sotto il vulcano Etna e nella porzione nord-orientale della Sicilia (Peloritani - catena dei Nebrodi) fino alle Isole Eolie, durante l'estate del 2014 è stato pianificato e condotto un esperimento di sismica attiva, denominato TOMO-ETNA.

L'esperimento, finanziato dai progetti europei "MEDiterranean SUpersite Volcanoes (MED-SUV)" ed "EUROFLEETS 2", è stato coordinato dall'Istituto Nazionale di Geofisica e Vulcanologia (Responsabile scientifico Domenico Patané) insieme con l'Università di Granada (Spagna. Responsabile scientifico Jesus Ibanez). Altri contributi sono stati dati da Italia, Spagna e Germania e dalla Marina Militare Italiana. Per effettuare l'esperimento, con metodi sismici sia attivi a rifrazione/riflessione sia passivi, sono state impiegate le navi oceanografiche Sarmiento de Gamboa CSIC-UTM (Spagna), Aegaea (Grecia) e la nave idro-oceanografica Galatea della Marina Militare Italiana.

La complessità delle attività previste sia a mare sia a terra ha reso necessario il coinvolgimento di una settantina tra

The TOMO-ETNA experiment (2014)

Pursuing the main objective for a new high resolution tomography of the crust beneath Etna and in the northeastern part of Sicilly (Peloritani mountains- Nebrodi chain) as far as the Aeolian Islands, the active seismic experiment called TOMO-ETNA was undertaken in the summer of 2014.

The experiment, funded by the European projects "MEDiterranean SUpersite Volcanoes (MED-SUV)" and "EUROFLEETS 2", was coordinated by the Istituto Nazionale di Geofisica e Vulcanologia (Scientific supervisor: Domenico Patané) together with the Granada University (Spain) (Scientific supervisor: Jesus Ibanez). Other contributions were made by Italy, Spain, Germany and the Italian Navy. To perform the experiment with passive and active refraction/reflection seismic methods, the oceanographic vessels Sarmiento de Gamboa CSIC-UTM (Spain), Aegaea (Greece) and the hydro-oceanographic ship Galatea of the Italian Navy were used.

The complexity of the work at sea and on land required the involvement of about seventy researchers and technicians from Italy and Spain, but also from Germany, Russia,

ricercatori e tecnici provenienti da Italia e Spagna, e anche da Germania, Russia, Stati Uniti, Irlanda e Messico.

Nel complesso, le informazioni che deriveranno nei prossimi anni dall'analisi dell'enorme quantità di dati acquisiti tramite TOMO-ETNA, potrebbero fornire risposte ai tanti interrogativi ancora esistenti sui processi eruttivi e di risalita magmatica dell'Etna, oltre a dare un fondamentale contributo per la mitigazione del rischio vulcanico e sismico in Sicilia orientale.

United States, Ireland and Mexico. Overall, the information over the next few years from the analysis of the huge amount of data acquired by TOMO-ETNA, could provide answers to the many still unresolved questions about the processes of magma ascent and eruption of Etna, as well as giving a major contribution to mitigating volcanic and seismic risk in eastern Sicily.

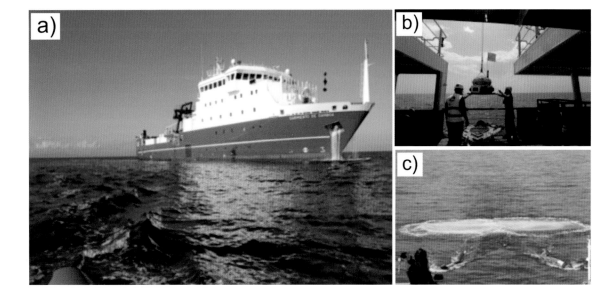

a) Nave oceanografica Sarmiento de Gamboa. b) Operazioni di rilascio di un OBS (Ocean Bottom Seismometer). L'OBS è un sismometro progettato per operare sul fondo marino e registrare il moto del suolo da sorgenti naturali e artificiali. c) Bolla generata dagli Air-Gun (sorgente sismica).

a) Oceanographic vessel Sarmiento de Gamboa. b) Releasing an OBS (Ocean Bottom Seismometer). The OBS is a seismometer designed to operate on the sea floor and record the ground motion from natural and artificial sources. c) Bubble generated by the Air-Gun (seismic source).

Prime eruzioni nel terzo millennio

First eruptions in the third millennium

Dopo la lunga e voluminosa eruzione di fianco del 1991-1993, l'attività eruttiva dell'Etna è ripresa a fine luglio 1995, per continuare nei successivi sei anni da tutti e quattro i crateri sommitali. In questo periodo sono avvenuti ripetuti trabocchi lavici dai crateri sommitali – i più spettacolari nell'ottobre-novembre 1999 dalla Bocca Nuova – e una serie senza precedenti di violenti episodi parossistici, compresi due eventi sub-pliniani dalla Voragine nel 1998 e nel 1999.

Il 4 febbraio 1999 si verificò un episodio eruttivo lungo una frattura nel fianco Sud-Est del SEC, da dove s'innalzavano fontane di lava pulsanti. Si formava una nube densa di ceneri e scorie juvenili alta circa 10 Km, e la fessura alimentava flussi di lava formando dei campi di lava che ricoprivano la parte superiore Ovest delle pareti della Valle del Bove.

L'eruzione terminale del 1999, durata poco più di nove mesi, avrebbe emesso 50 milioni di metri cubi di materiale lavico.

Tale attività era l'evidenza visibile che il vulcano stava ricevendo un'alimentazione magmatica significativa dal profondo. I dati raccolti con metodi geofisici e geochimici, inoltre, indicavano che il magma eruttato in superficie rappresentava solo una piccola parte di quello che

After the lengthy and voluminous flank eruption of 1991-1993, eruptive activity resumed at Etna at the end of July 1995, and continued for the next six years from all four summit craters. During this period, repeated lava overflows occurred from the summit craters – the most spectacular in October-November 1999 from the Bocca Nuova – which were also the site of an unprecedented series of violent paroxysmal episodes, including two sub-Plinian events at the Voragine in 1998 and 1999.

On 4 February 1999, a new eruptive fissure opened on the southeastern flank of the SEC during a paroxysmal eruptive episode, producing pulsating lava fountains. A dense cloud of ash and juvenile scoriae rose about 10 km high. Over a little more than 9 months, about 50 million cubic meters of lava issued from the lower end of the fissure and covered the western slope of the Valle del Bove.

This activity was visible evidence that the volcano was being fed by a significant magma supply from depth. The data obtained with geophysical and geochemical methods furthermore indicated that the magma erupted at the surface was only a small proportion of the magma accumulating below the volcano, causing it to "swell" notably.

si stava accumulando sotto il vulcano e che lo faceva "gonfiare" in modo notevole. La risalita e l'intrusione del magma causavano frequenti sciami di terremoti a diverse profondità e in diversi settori del vulcano. Come accade solitamente, una parte di questa intrusione non ebbe luogo nel sistema dei condotti centrali dell'Etna, ma si stava preparando ad aprire un nuovo percorso attraverso il fianco del vulcano.

The ascent and intrusion of magma generated frequent earthquake swarms at different depths and in different sectors of the volcano.

Part of this intrusion did not take place as usual within the central conduit system of the volcano, but was preparing to open a new path through the flank of the volcano.

Eruzioni 2001-2014 / Eruptions 2001-2014

Inizio / Start	Fine / End	* Fianco / Flank	Lava (volume)	Tefra / Tephra (volume)
17/07/2001	09/08/2001	S - ENE *	$40 \times 10^6 \ m^3$	$5\text{-}10 \times 10^6 \ m^3$
27/10/2002	28/01/2003	S - NE *	$35\text{-}40 \times 10^6 \ m^3$	$40\text{-}50 \times 10^6 \ m^3$
07/09/2004	08/03/2005	ESE *	$60 \times 10^6 \ m^3$	
14/07/2006	14/12/2006	SEC (cratere / crater)	$43 \times 10^6 \ m^3$	$1 \times 10^6 \ m^3$
29/03/2007	10/05/2008	SEC and NSEC (cratere / crater)	$16 \times 10^6 \ m^3$	$3 \times 10^6 \ m^3$
13/05/2008	06/07/2009	E *	$70\text{-}80 \times 10^6 \ m^3$	$1 \times 10^6 \ m^3$
12/01/2011	31/12/2013	NSEC (cratere / crater)	$50 \times 10^6 \ m^3$	$50 \times 10^6 \ m$
20/01/2014	15/08/2014	NSEC and NEC (cratere / crater)	$15 \times 10^6 \ m^3$	$1 \times 10^6 \ m^3$

Il 2000 è l'anno dei parossismi. Il 26 gennaio 2000 si ha il primo di una lunga serie di parossismi dal Cratere di Sud-Est. Ne furono registrati ben 64 nell'arco di sei mesi. Il 24 giugno avviene l'ultimo parossismo, seguito da altri due eventi il 28 e il 29 agosto.

Nei mesi seguenti l'Etna si placa, ma in realtà nel profondo delle sue viscere si stava preparando a scatenare due fra le eruzioni laterali più potenti degli ultimi decenni, che comporteranno non pochi allarmismi nei paesi di Nicolosi, Pedara e Belpasso, e di Linguaglossa nel 2002.

2000: The year of paroxysms. On 26 January 2000, the Southeast Crater was the site of the first in a long series of paroxysmal eruptive episodes, eventually amounting to 64 paroxysms in less than 6 months.

The last of these took place on 24 June; two further episodes occurred on 28 and 29 August.

During the next few months, Etna remained quiescent. But in reality, at depth, it was preparing to unleash two of its most powerful flank eruptions of the last decades, which would cause much trepidation in the villages of Nicolosi, Pedara and Belpasso in 2001, and in Linguaglossa in 2002.

Durante la prima metà del 2001, il centro principale di attività eruttiva era il cratere di Sud-Est, dove inizialmente si osservava l'emissione lenta di lava da una bocca posta sul fianco nord-orientale del cono (chiamata Levantino).

Dall'inizio di maggio, i tassi di emissione lavica sono aumentati e si è prodotta una nuova serie di episodi parossistici a intervalli irregolari. In questo periodo si sono registrati quindici parossismi, l'ultimo dei quali, uno dei più violenti, si è verificato nelle prime ore del 13 luglio. Con questo parossismo ha avuto inizio un'attività sismica intensa, che ha interessato principalmente il versante meridionale del vulcano. Alcune di queste scosse sono state avvertite ad Acireale e a Catania.

Fra le prime ore del 13 luglio e la mattina del 17 sono stati registrati più di 2600 terremoti, la maggior parte dei quali non è stata percepita dalla popolazione. Nello stesso tempo, un'estesa area sul fianco Sud, fra il cratere a pozzo della Cisternazza sul Piano del Lago e la Montagnola, mostrava una significativa fratturazione del suolo, effetto della violenta spinta del magma verso la superficie. Poco dopo mezzanotte del giorno 17 luglio, il cratere di Sud-Est ha prodotto un ulteriore parossismo, molto simile a quello precedente, del 13 luglio,

During the first half of 2001, the focus of eruptive activity was at the Southeast Crater, initially with slow lava emission from a vent on the northeastern side of its cone, called "Levantino".

From early May on, the rate of lava emission increased, and then a new series of paroxysmal episodes occurred at irregular intervals. In this period, fifteen paroxysms took place, the last of which, in the early morning of 13 July, was one of the most violent in the series. Intense seismic activity began with this latest paroxysm and mainly affected the southern flank of the volcano. Some of the earthquakes were felt as far away as Acireale and Catania.

Between the early morning of 13 July and the morning of the 17th, more than 2600 earthquakes were recorded, though most were not perceived by the local population. During the same interval, a vast area on the southern flank, between the "Cisternazza" pit crater on the Piano del Lago and the Montagnola, showed clear ground fracturing, caused by the forceful movement of magma toward the surface.

Shortly after midnight on 17 July, the Southeast Crater produced a further paroxysm, which was very similar to its predecessor on 13 July, with high lava fountains from the

con alte fontane di lava dalle bocche sommitali e dal Levantino. Probabilmente, durante questo parossismo, si è aperta una piccola fessura a poche decine di metri a Ovest del Levantino, ultimo evento che può considerarsi parte del "preludio" all'eruzione del 2001. Le colate più importanti si sono verificate a quota 2100 m e a quota 2700 m, mentre le lave più distruttive sono state emesse dalle bocche effusive intorno al cono di 2570 m. Questo cono ha anche prodotto la maggior parte del materiale piroclastico e le nubi di cenere che hanno generato disagi in una vasta area.

L'eruzione del 2001 è durata 24 giorni, dalla mattina del 17 luglio fino alla notte del 9 agosto. L'eruzione ha prodotto almeno 8 flussi lavici distinti, soprattutto sui versanti S e SSO.

Questa eruzione segna un notevole cambiamento nella dinamica del vulcano: un forte disturbo nel sistema dei condotti centrali fa sì che soltanto dopo cinque anni il cratere di Sud-Est si risveglia, la Bocca Nuova rimane silenziosa per circa 10 anni (se si esclude un breve episodio di debole attività stromboliana nel giugno del 2002) e la Voragine non mostra alcun segno di vita per circa 10 anni. Soltanto il Cratere di Nord-Est ha manifestato alcune variazioni mostrando un'intensa attività stromboliana nell'estate del 2002 e svuotando il

summit vents and from the "Levantino". It was probably during this paroxysm that a small fissure opened a few tens of meters to the west of the "Levantino", which was thus the last event that can still be considered part of the build up to the eruption of 2001.

The most important lava flows occurred at 2100 and 2700 m elevation, whereas the most destructive lava flows were emitted from effusive vents near the new cone formed at 2570 m. This cone also produced most of the pyroclastic material and the ash clouds whose fall out impacted a vast area.

The 2001 eruption lasted 24 days, from the morning of 17 July until the night of 9 August. It produced at least 8 distinct lava flows, mostly on the south and SSW flanks.

This eruption marked a significant change in the dynamic of the volcano and a profound disruption of the central conduit system: the Southeast Crater was to resume activity only five years later, the Bocca Nuova remained quiescent for about 10 years (except for a brief episode of weak Strombolian activity in June 2002), while the Voragine showed no signs of life for more than 10 years. Only the Northeast Crater showed some variations, with intense Strombolian activity in

suo condotto nei primi giorni dell'eruzione del 2002-2003. In questo cratere persiste ancora oggi una profonda attività esplosiva.

L'eruzione del 2001 è il primo caso di attività "eccentrica" che è stata documentata con metodi moderni di sorveglianza vulcanica e analisi scientifica. Quasi 40 anni prima, Rittmann (1964) suggerì che questo vulcano fosse in grado di produrre due tipi di eruzioni di fianco, uno alimentato dai condotti centrali attraverso intrusioni più o meno radiali (laterali), l'altro invece alimentato da nuovi condotti non legati ai condotti centrali, che chiamò "eccentrici".

Durante il XX secolo una sola eruzione ha mostrato caratteristiche eccentriche, quella del gennaio-marzo 1974, in un periodo in cui la vulcanologia moderna si trovava ancora in uno stato embrionale. All'inizio del terzo millennio, nessun vulcanologo avrebbe mai potuto pensare di riuscire a distinguere le eruzioni eccentriche da quelle laterali.

L'eruzione del 2001 ha dimostrato come la risalita rapida e violenta di un dicco magmatico non solo può innescare un'eruzione eccentrica, ma anche causare la fratturazione della parte sommitale del vulcano e il drenaggio di magma dai condotti centrali nella maniera tipica di un'eruzione

the summer of 2002 and then the emptying of its conduit during the first few days of the 2002-2003 eruption. Continuous, deep explosive activity has continued within the conduit of the Northeast Crater ever since.

The 2001 eruption is the first case of an "eccentric" eruption to be documented with modern volcano surveillance methods and scientific analysis. About 40 years earlier, Rittmann (1964) suggested that this volcano was capable of producing two different types of flank eruptions, one fed by the central conduits with more or less radial (lateral) intrusions, and the other by new conduits not linked to the central conduits, which he called "eccentric".

Only one eruption during the 20th century showed eccentric characteristics, namely in January-March 1974, at a time that modern volcanology was still in its embryonic stages.

At the beginning of the third millennium, no volcanologist would have imagined being able to distinguish eccentric from lateral eruptions. The 2001 eruption demonstrated how the rapid and forceful ascent of a magmatic dyke may not only trigger an eccentric eruption but also cause the fracturing of the summit area of the volcano, leading to the draining of magma from the central conduits in much the same manner

laterale. In tal senso, l'eruzione del 2001 potrebbe anche essere considerata come "due eruzioni in una", interessando due diversi settori del vulcano, quello meridionale e quello nord-orientale. La duplice natura dell'eruzione è anche evidente nell'emissione di due magmi con caratteristiche composizionali e mineralogiche ben distinte.

Per la prima volta nella storia dell'Etna, l'intrusione di un dicco eccentrico è stata documentata anche con metodi geofisici moderni. Ora si è consapevoli che nel 2001 l'intrusione violenta del dicco nel fianco Sud dell'Etna ha causato una rapida accelerazione dello spostamento lento del settore orientale del fianco etneo, mostrando una forte accelerazione sino all'eruzione del 2002-2003 e continuando tuttora.

as a lateral eruption. In this sense, the 2001 eruption could also be considered "two-eruptions-in-one", affecting two different – the southern and the northeastern – sectors of the volcano. The dual nature of the eruption is also evident in the emission of two kinds of magma with distinct compositional and mineralogical characteristics.

For the first time in the history of Etna, the intrusion of an eccentric dyke was also documented with modern geophysical methods. We now know that the violent intrusion of a dyke into the southern flank of Etna in 2001 caused a rapid acceleration of the slow sliding of the eastern flank sector of the volcano, up until the 2002-2003 eruption; this movement is still on-going.

L'eruzione del 2001 è un evento chiave nella storia recente del vulcano, che ha fortemente modificato la sua dinamica e allo stesso tempo dato una spinta senza precedenti alla vulcanologia etnea moderna.

The 2001 eruption is a key event in the recent history of the volcano. It has considerably altered its dynamics, while at the same time giving an unprecedented boost to today's Etnean volcanology.

2002-2003

Nella serata del 26 ottobre 2002 ha inizio una nuova intensa crisi sismica, seguita nella notte dall'apertura di numerose bocche eruttive sull'alto fianco meridionale (2750-2600 m) e sul versante nord-orientale (2500-1850 m).

Nel fianco nord-orientale, la zona turistica e sciistica di Piano Provenzana e una parte della pineta Ragabo sono distrutte dalla lava, che interrompe anche la strada Mareneve. L'attività eruttiva su questo versante si conclude il 5 novembre, mentre nel fianco meridionale l'eruzione continua con un'attività fortemente esplosiva che porta alla costruzione di un grande cono piroclastico, di altezza superiore ai 200 m. Durante la prima fase dell'eruzione, un'intensa attività sismica, con eventi di magnitudo fino a 4.5, provoca ingenti danni sui fianchi orientale e nord-orientale del vulcano, in particolare nell'area fra Santa Venerina e Zafferana Etnea.

Fra il 25 novembre e il 10 dicembre l'attività esplosiva si sposta di circa 200 m a monte, costruendo un secondo cono piroclastico. Durante questa fase l'edificio Torre del Filosofo viene completamente sepolto sotto uno spesso deposito piroclastico. Successivamente l'attività ritorna al primo cono.

On the evening of 26 October 2002, a new intense seismic crisis began. It was followed during the night by the opening of numerous vents on the upper southern flank (2750-2600 m) and on the northeastern flank (2500-1850 m).

On the northeastern flank, the lava destroyed the tourist and skiing areas of Piano Provenzana, part of the "Ragabo" pine forest and cut across the "Mareneve" road. Eruptive activity on this flank ceased on 5 November, but the eruption continued on the southern flank, with highly explosive activity that built up a large pyroclastic cone more than 200 m high.

During the first phase of the eruption, powerful seismic activity with events of magnitude up to 4.5, caused heavy damage on the northeastern and eastern flanks of the volcano, in particular in the area between Santa Venerina and Zafferana Etnea.

Between 25 November and 10 December, the explosive activity shifted about 200 m upslope, forming a second pyroclastic cone. In this phase, the "Torre del Filosofo" building was entirely buried under a thick pyroclastic deposit. After 10 December, the activity shifted back to the first cone.

Nei primi due mesi dell'eruzione, l'area di Catania è soggetta a una pressocchè continua ricaduta di cenere che ripetutamente porta alla chiusura dell'aeroporto di Fontanarossa e a una drastica diminuzione nel turismo.

Terminata il 28 gennaio del 2003, è stata una delle poche eruzioni storiche dell'Etna che ha prodotto più tefra che lava.

In the first two months of the eruption, the area around Catania was subjected to a nearly continuous downpour of volcanic ash, which led to repeated closures of the Fontanarossa airport and a drastic drop in tourism.

The eruption ended on 28 January 2003; it was one of the few historical eruptions of Etna that produced more tephra than lava.

2004-2005

L'eruzione inizia il 7 settembre 2004 con l'emissione di una piccola colata di lava dalla base sud-orientale del cono del Cratere di Sud-Est. Solo tre giorni dopo da una bocca eruttiva posta a quota 2600 m, sulla parete occidentale della Valle del Bove, inizia a fuoriuscire una colata più consistente. Successivamente, un'altra bocca effusiva si apre a quota 2300 m sulla stessa parete.

A novembre 2004, lo sprofondamento di una parte del fianco orientale del cono del Cratere di Sud-Est crea un cratere a pozzo ("pit crater"), che emette minori quantità di cenere durante i mesi di gennaio e febbraio 2005. L'eruzione termina intorno all'8 marzo 2005, dopo aver formato un esteso campo lavico nella parte occidentale della Valle del Bove.

Questa eruzione è stata alquanto atipica, in quanto non è stata annunciata dalla solita attività sismica e deformativa premonitrice e inoltre è stata a bassissimo tasso di esplosività.

The eruption began with the emission of a small lava flow from the southeastern foot of the Southeast Crater on 7 September, followed three days later by more voluminous lava emission from a fissure at 2600 m elevation, on the western slope of the Valle del Bove. Three days later again, another effusive vent opened up at 2300 m on the same slope.

In November 2004, a portion of the upper east slope of the Southeast Crater cone caved in, forming a steaming pit crater, from which small quantities of ash were emitted in January-February 2005.

The eruption ended around 8 March 2005, having formed a large and thick lava flow-field on the lower western slope and on the floor of the Valle del Bove.

This eruption was atypical since it was not heralded by the characteristic premonitory seismicity and deformation and was furthermore only slightly explosive.

2006

Nella tarda serata del 14 luglio 2006 si apre una bocca effusiva alla base del cono del Cratere di Sud-Est e solo poche ore dopo inizia un'attività stromboliana a una bocca posta circa 140 m a monte. L'attività eruttiva nei seguenti dieci giorni manifesta alti e bassi, culminando la sera del 20 luglio con un breve episodio di fontana di lava. La colata si riversa sulla parete occidentale della Valle del Bove, raggiungendo una lunghezza di circa 4 km. Il 31 agosto ha inizio dalla bocca sommitale del Cratere di Sud-Est una seconda fase di attività più lunga e intensa. Successivamente l'attività si presenta anche in diverse altre bocche poste sui fianchi E, S e O del cono del Cratere di Sud-Est, sull'alto fianco ESE (a partire dal 12 ottobre) e sul fianco meridionale del cono centrale, sotto la Bocca Nuova (a partire dal 26 ottobre). L'attività sul Cratere di Sud-Est e dalle bocche eruttive sui fianchi è episodica, mentre la bocca di quota 2800 m rimane quasi continuamente attiva dal 12 ottobre al 14 dicembre. Nel corso dell'eruzione, il grande cratere a pozzo del 2004 ubicato sul fianco orientale del cono del Cratere di Sud-Est si riempie completamente. Intorno al 23 ottobre si forma un nuovo "pit crater", che diventa sede di un'attività stromboliana e di emissione di cenere durante la prima metà di dicembre.

On the late evening of 14 July 2006, lava was discharged from a vent at the base of the Southeast Crater cone, followed a few hours later by the onset of Strombolian activity from a vent about 140 m further upslope. For the next 10 days, the activity continued with fluctuating intensity, culminating on the evening of 20 July with a short episode of lava fountaining. The lava flow descended the western slope of the Valle del Bove, reaching a length of 3.8 km. A second, more prolonged and more intense phase of activity began on 31 August from the summit vent of the Southeast Crater, inactive since July 2001. There was then activity also from other vents on the E, S, and W flanks of the SE Crater cone, from a vent at 2800 m on the upper ESE flank (starting 12 October), as well as on the S flank of the central summit cone, below the Bocca Nuova (starting 26 October). Much of the activity at the SE Crater and the vents on its flank was episodic, whereas the vent at 2800 m erupted almost continuously between 12 October and 14 December, producing lava flows more than 5 km long.

The large 2004 pit on the Southeast Crater cone's east flank was completely filled as of mid-October, but a new pit formed around 23 October, displaying Strombolian activity and ash emission in early-mid-December.

2007

Dopo alcuni mesi di relativa calma, il Cratere di Sud-Est si risveglia la mattina del 28 marzo 2007 con un forte episodio di fontana di lava. Ulteriori episodi hanno luogo nei giorni 11 e 29 aprile e il 6-7 maggio, tutti dalla bocca sommitale del cono. Questi episodi producono colate di lava che si riversano sulla parete occidentale della Valle del Bove, raggiungendo una lunghezza massima di 3.5 km. La lava sarà emessa anche da nuove fessure eruttive ubicate sul fianco meridionale del cono durante i primi due episodi.

Alla fine di maggio 2007 si forma un nuovo "pit crater" sul basso fianco del cono e nella seconda metà di agosto inizia a prodursi attività stromboliana. Lo stesso "pit crater" è la sede di due forti episodi parossistici insolitamente lunghi, verificatisi il 4-5 settembre (10 ore) e 23-24 novembre (6 ore), che hanno generato colate di lava riversatesi nella Valle del Bove fino a una lunghezza di 4.7 km.

After a few months of relative quiescence, the Southeast Crater reawakened early on 29 March 2007 with a powerful episode of lava fountaining; further episodes occurred on 11 and 29 April, and on 6-7 May, all from the vent at the summit of the cone.

Lava flows came down the western slope of the Valle del Bove, reaching a maximum length of 3.5 km. Minor lava flows also issued from new fissures on the south flank of the cone during the first two of these episodes.

In late-May 2007, a new collapse pit opened on the lower east flank of the cone. Strombolian activity began there in late-August 2007, followed by two unusually long-lasting episodes of lava fountaining on 4-5 September (10 hours) and 23-24 November (6 hours), which also produced lava flows into the Valle del Bove up to 4.7 km long.

2008-2009

Un episodio di fontana di lava si verifica nel pomeriggio del 10 maggio 2008 producendo una colata di lava lunga 6.3 km nella Valle del Bove, una delle colate sommitali più lunghe mai osservate.

Alcuni giorni dopo, una breve ma intensa crisi sismica preannuncia, nel mattino del 13 maggio 2008, l'apertura di un sistema di fessure eruttive sull'alto versante orientale dell'Etna, fra 3050 e 2650 m di quota. Un sistema di fratture non-eruttive si forma anche sull'alto versante settentrionale.

Durante le prime 48 ore dell'eruzione, le colate laviche avanzano rapidamente nella Valle del Bove, raggiungendo una lunghezza massima di 6.5 km, mentre nelle bocche esplosive si formano una serie di piccoli conetti piroclastici.

L'attività esplosiva cessa alla fine di luglio, però l'emissione di lava continua fino al 6 luglio 2009, con tassi via via in lenta diminuzione. Si conclude così una delle più lunghe eruzioni etnee degli ultimi secoli, essendo durata 417 giorni.

On the afternoon of 10 May 2008, yet another episode of lava fountaining produced a 6.3 km-long lava flow across the Valle del Bove, one of the longest known flows to have erupted from Etna's summit.

A few days later, on the morning of 13 May 2008, a short but intense seismic swarm preceded the opening of an eruptive fissure on the upper east flank of Etna, between 3050 and 2650 m altitude.

A system of evident but non-eruptive fractures also opened on the upper north flank. During the first 48 hours of the eruption, lava flows advanced rapidly across the Valle del Bove, reaching a length of 6.5 km, while Strombolian activity built up a row of small cones at the eruptive vents.

Explosive activity ceased in late-July, but lava continued to flow at a gradually diminishing rate, until 6 July 2009, making this one of the longest eruptions of Etna in the past few centuries (417 days).

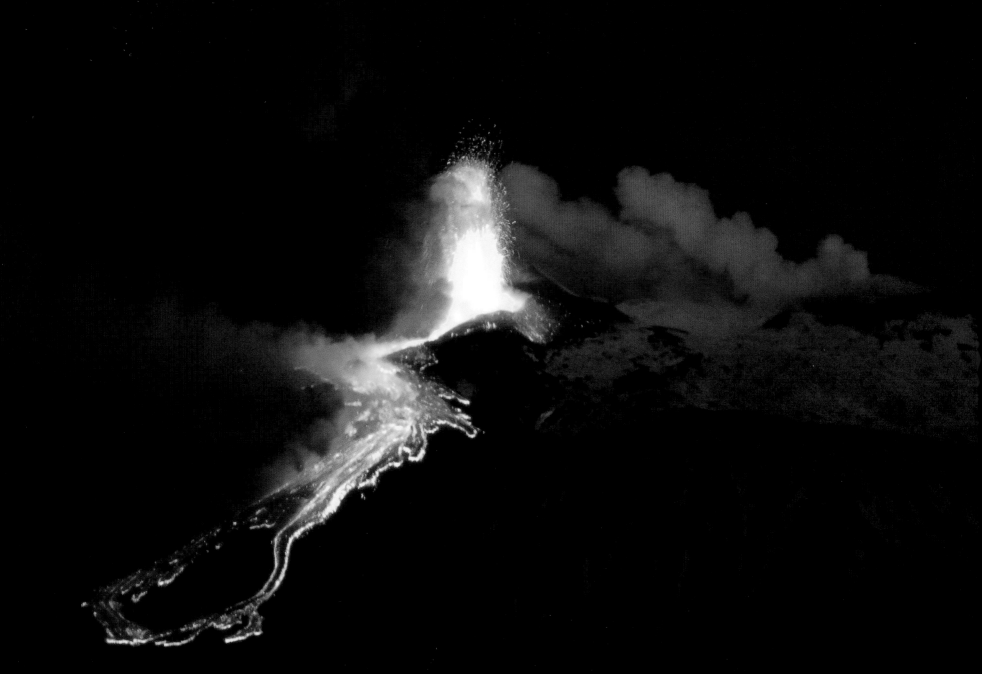

2011-2013

Tra la fine del 2009 e il 2010, il cratere a pozzo ("pit crater"), ubicato sul fianco orientale del cono del Cratere di Sud-Est (la fonte dei tre parossismi di settembre e novembre 2007 e del 10 maggio 2008), si allarga progressivamente per ripetuti collassi, raggiungendo un diametro di quasi 200 m. Dopo due brevi episodi di attività stromboliana occorsi alla fine di dicembre 2010 e nella notte del 2-3 gennaio 2011, una serie di drammatici episodi di fontana di lava ha inizio la sera del 12 gennaio 2011. A questo primo episodio parossistico ne seguono altri 17 fino al 15 novembre 2011. Nel 2012, tra il 5 gennaio e il 24 aprile, lo stesso cratere produce sette episodi, seguiti da altri ventuno nel 2013. Di questi ultimi, 13 si sono verificati fra il 19 febbraio e 27 aprile 2013, e gli altri otto nell'intervallo 26 ottobre-31 dicembre. Molti di questi episodi sono stati fortemente esplosivi, generando ingenti ricadute di cenere e lapilli su estese aree, soprattutto nei settori orientale, nord-orientale e sud-orientale del vulcano e arrecando danni ai terreni coltivati.

Il risultato più evidente di questa attività è stata la crescita di un nuovo cono – il Nuovo Cratere di Sud-Est – intorno all'ex "pit crater", che dopo i parossismi del 2013 ha raggiunto circa 300 m di altezza.

From late-2009 until late-2010, the pit crater on the east flank of the Southeast Crater cone (the source of the three paroxysms in September and November 2007 and on 10 May 2008) gradually expanded during a series of collapses, widening to almost 200 m in diameter.

After two brief episodes of Strombolian activity in late December 2010 and on 2-3 January 2011, the pit began producing dramatic episodes of lava fountaining in the night of 12 January, with 17 more of these events occurring until 15 November 2011.

Another series of 7 paroxysms took place between 5 January and 24 April 2012, another 21 in 2013 – 13 between 19 February and 27 April and 8 more from 26 October until 31 December. Many of these episodes were highly explosive, producing heavy fallout of ash and lapilli over wide areas, mostly in the northeastern, eastern and southeastern sectors of the volcano. Considerable damage was caused to cultivated land and many car windscreens and roof tiles were broken.

The most noteworthy result of this activity was the growth of a new cone – the New Southeast Crater – around the former pit crater, which after the paroxysms of 2013 reached a height of about 300 m.

Le colate laviche emesse durante gli episodi parossistici si sono riversate lungo la parete occidentale della Valle del Bove raggiungendo lunghezze massime fino a 4.3 km. La lava è stata emessa anche da diverse bocche sui fianchi del nuovo cono.

Il volume complessivo di lava emessa durante i 46 parossismi del 2011-2013 è stato di circa 50 milioni di metri cubi e un volume analogo a quello che costituisce il cono. Durante il periodo 2011-2013 si sono verificate anche numerose fasi di attività da una bocca eruttiva posta nella parte orientale della Bocca Nuova (luglio 2011, luglio-agosto e ottobre 2012 e gennaio-febbraio 2013), che non era stata attiva sin dall'inizio del 2001.

Inoltre, la Voragine, la cui ultima attività eruttiva risale all'autunno del 1999, si risveglia il 27 febbraio 2013 e per due settimane è stata sede di una forte attività stromboliana.

Lava flows mainly descended the western slope of the Valle del Bove to a maximum length of 4.3 km, but lava was also discharged from numerous vents on the flanks of the new cone. The combined volume of lava emitted during the 38 paroxysms between 2011 and 2013 was about 50 million cubic metres; the new cone is built up from a similar volume.

Also during 2011-2013, several phases of activity took place from a vent in the eastern part of the Bocca Nuova (July 2011; July-August and October 2012 and January-February 2013), which had last shown significant eruptive activity in early 2001.

Finally, the Voragine, inactive since late-1999, was reawakened on 27 February 2013 and produced powerful Strombolian activity for about two weeks.

2014

Nel 2014, il Nuovo Cratere di Sud-Est (NSEC) cambia la sua modalità eruttiva rispetto agli anni precedenti. Tra il 20 gennaio e i primi di aprile, manifesta una modesta attività stromboliana accompagnata da emissioni di colate laviche da un gruppo di bocche effusive poste alla base orientale del suo cono. Nel mattino dell'11 febbraio 2014 crolla una parte del fianco orientale del cono, generando una valanga incandescente composta da materiale vecchio (del cono) e lava calda frammentata.

Nelle settimane successive, l'attività stromboliana ed effusiva continua, riempendo parzialmente la nicchia di distacco creata dal collasso dell'11 febbraio. Un nuovo episodio di intensa attività stromboliana ed emissione di colate laviche al NSEC avviene fa il 14 e il 17 giugno. Durante questo episodio, il cono supera per la prima volta la vetta del vecchio cono del Cratere di Sud-Est.

Dopo alcune settimane di relativa calma, il 5 luglio 2014 ha inizio una nuova eruzione, di tipo subterminale, sul fianco orientale del cono del Cratere di Nord-Est. Nelle prime tre settimane si osserva una vivace ma modesta attività stromboliana da due bocche molto vicine e l'emissione di una colata di lava che avanza lentamente sul fondo della Valle del Leone.

Il 25 luglio, si apre un'altra bocca a monte, che produce una

più intensa attività stromboliana accompagnata da boati forti e onde di compressione, che destano notevole preoccupazione nei centri abitati intorno all'Etna. Anche questa nuova bocca eruttiva emette una colata di lava che si accosta a quella delle bocche del 5 luglio, formando un campo lavico complesso composto di numerosi flussi in sovrapposizione, con lunghezze massime di 2.3 km.

L'attività subisce un brusco rallentamento nella mattinata del 9 agosto e cessa del tutto il giorno successivo, in concomitanza a una ripresa dell'attività stromboliana al NSEC. Un nuovo episodio eruttivo, sempre sul Nuovo Cratere di Sud-Est, si verifica dal 9 al 15 agosto 2014. Questa attività rappresenta una ripetizione di quanto già verificatosi a metà giugno, sebbene in questa occasione la colata di lava emessa viene alimentata da una bocca effusiva posta sull'alto fianco orientale del cono. Inoltre, sulla cima del cono sono attive almeno 5 bocche eruttive, sede di un'intensa attività stromboliana.

Alla fine dell'attività il cono raggiunge quasi 3300 m di altezza, mancandogli solo circa 30 m per diventare la vetta più alta dell'Etna, che resta, tuttora, il Cratere di Nord-Est con i suoi 3330 m.

In 2014, the nature of the activity at the 'New Southeast Crater' (NSEC) underwent significant changes. From 20 January until early April, the crater showed mild Strombolian activity together with lava emissions from a cluster of effusive vents on the lower eastern flank of the cone. On the morning of 11 February 2014, a portion of the east flank of the cone collapsed, generating a glowing avalanche made up of older material from the cone and fragmenting hot lava.

In the following weeks, Strombolian and effusive activity continued, partially filling the collapse scar created by the February 11 collapse. A new episode of intense Strombolian activity and lava emission took place at the New Southeast Crater between 14 and 17 June. During this episode, the cone was built up and surpassed for the first time the summit of the old Southeast Crater.

After several weeks of relative quiescence, a new subterminal type (closely related to the summit craters but from eruptive vents some distance away) eruption began on 5 July 2014 on the eastern flank of the Northeast Crater cone. During the first three weeks of this activity, there was vibrant but mild Strombolian activity from two closely-spaced vents, while a lava flow advanced slowly across the Valle del Leone.

On 25 July, another vent opened further upslope and produced more intense Strombolian activity accompanied by loud rumbles and compression waves leading to much apprehension in the towns and villages around Etna. This new vent also discharged a lava flow, which ran parallel to the one emitted from the 5 July vents, forming a complex lava field consisting of numerous overlapping flows, with maximum lengths of 2.3 km.

The activity diminished abruptly on the morning of 9 August and ceased altogether the next day, the same time as the resumption of eruptive activity at the NSEC. This new eruptive episode from the New Southeast Crater, lasting from 9 until 15 August 2014, was essentially a repetition of the mid-June episode, though this time the lava flow was fed from an effusive vent high up on the east flank of the cone. At the summit of the cone, intense Strombolian activity took place from at least five vents.

By the end of the activity, the cone had reached a height of almost 3300 m, just 30 metres short of becoming the highest point on Etna, which to this day is still the Northeast Crater at 3330 m.

Ringraziamenti

Un ringraziamento va a chi ha a cuore l'Etna: Uomini e Donne della Montagna, Guide dell'Etna, responsabili degli impianti di risalita di Nicolosi Nord e di Linguaglossa, uomini del Soccorso Alpino, Guardia di Finanza di stanza a Nicolosi, Corpo Forestale, Vigili del Fuoco, Arma dei Carabinieri, Polizia di Stato, Protezione Civile Regionale e Nazionale, Piloti della base elicotteri di Maristaeli della Marina Militare, specialisti del Centro Speleologico Etneo, ricercatori e tecnici dell'Osservatorio Etneo-Istituto Nazionale di Geofisica e Vulcanologia.

Un grazie di cuore, per gli aiuti, i consigli e i suggerimenti: all'INGV, a Stefano Branca e Mauro Coltelli, che hanno elaborato per questo volume una Carta Geologica dell'Etna semplificata; ad Alfio Amantia, Turi Caggegi, Francesco Ciancitto, Massimo Cantarero e Marco Aliotta, per la concessione di alcune bellissime foto.

Per avere contribuito alla pubblicazione, ringraziamo Jesus Ibanez e l'Università di Granada (Progetto Spagnolo Ephestos CGL2011-29499-C02-01 e Progetto EU MEDiterranean SUpersite Volcanoes "MED-SUV" EC-FP7-308665), Giuseppe Rizzo e l'ACOSET S.p.A., Benedetto Spanò e la L & R Laboratori & Ricerche S.r.l., Lachea Tour S.r.l., Neri S.r.l., Technoside S.r.l. e tutti i sostenitori di crowdfunding su Indiegogo.

Infine, siamo particolarmente grati a Francesco Russo e alla Funivia dell'Etna S.p.A. per avere creduto nel nostro lavoro e sponsorizzato la stampa del volume.

Invitiamo tutti i protagonisti attivi, pubblici e privati, Regione Siciliana, Provincia Regionale, Comuni, Parco dell'Etna, associazioni, forze culturali a impegnarsi sempre più nella salvaguardia del territorio per le formidabili ricadute in termini di immagine, crescita economica, promozione e fruizione turistica della nostra terra.

Domenico Patané, Mirella Turco, Boris Behncke

Acknowledgements

Thanks are owed to all those who hold Etna dear to their hearts: to all the men and women of the mountain, from the Etna guides to those in charge of the ski lifts at Nicolosi North and Linguaglossa, to the Alpine Rescue, the Guardia di Finanza stationed in Nicolosi, the Forest Rangers, Fire Brigade, Carabinieri, Police, National and Regional Civil Defence, the pilots of the Navy helicopter base at Maristaeli, the specialists of the Etna Speleological Centre and all the researchers and technicians of the Etna Observatory- National Institute of Geophysics and Volcanology.

For all their help, advice and suggestions, sincere thanks go to: INGV and to Stefano Branca and Mauro Coltelli, who compiled a simplified geological map of Etna for this book; to Alfio Amantia, Turi Caggegi, Francesco Ciancitto, Massimo Cantarero and Marco Aliotta, for their kind permission to use some great photos.

For contributing to this book, we thank Jesus Ibanez and the University of Granada (Spanish Project Ephestos CGL2011-29499-C02-01 and EU Project MEDiterranean SUpersite Volcanoes "MED-SUV" EC-FP7-308665), Giuseppe Rizzo and ACOSET S.p.a., Benedetto Spanò and L & R Laboratori & Ricerche S.r.l., Lachea Tour S.r.l., Neri S.r.l., Technoside S.r.l. and all the supporters of the crowd funding campaign on Indiegogo.

Finally, we are especially grateful to Francesco Russo and the Funivia dell'Etna S.p.A. (Etna cable car) for believing in this project work and helping fund the printing of the book.

We would invite and urge all active, public and private players, the Sicilian Regional government, the Provincial government, municipalities, Etna Park, associations and cultural organisation to engage more fully in the protection of the territory for its formidable impact in terms of image, economic growth and for the tourist promotion and enjoyment of this wonderful land.

Fotografie / *Photographs*

Le foto sono di Boris Behncke e Domenico Patané, eccetto quelle di seguito indicate:
The photos are by Boris Behncke and Domenico Patané, except those indicated as follows:

Alfio Amantia: 3, 34, 61, 64, 106, 107, 126, 165, 179, 185, 214
Turi Caggegi: 8, 23, 26, 39, 69, 72, 95, 100, 120, 125, 128
Francesco Ciancitto: 8, 13, 116, 117, 166, 227, 228, 229
Massimo Cantarero: 158
Marco Aliotta: 98

La figura della struttura interna dell'Etna è stata realizzata
da Domenico Patané
Illustration of the internal structure of Etna
by Domenico Patané

Traduzione / *Translation:* Stephen Conway & Boris Behncke

VISTA SULL'ETNA - Olio su tela / *Oil on canvas 2009*

Note sugli autori / About the authors

Domenico Patané è dirigente di ricerca dell'Osservatorio Etneo, dell'Istituto Nazionale di Geofisica e Vulcanologia (INGV-OE) e si occupa principalmente di sismologia e vulcanologia. È professore ordinario abilitato in Geofisica e Vulcanologia in Italia e professore onorario presso l'Università di Granada in Spagna. Ha partecipato a centinaia di convegni nazionali e internazionali e ha pubblicato più di 120 lavori di sismologia, vulcanologia e geofisica su riviste nazionali e internazionali. Durante il 2008-2013 è stato Direttore dell'INGV-OE. Attualmente è membro della commissione Grandi Rischi (settore Vulcanico) del Dipartimento Nazionale della Protezione Civile.

Domenico Patané *is research director of the Observatory Etneo - National Institute of Geophysics and Volcanology (Italy) and deals mainly with seismology and volcanology. He is qualified as full professor in Geophysics and Volcanology in Italy and honorary professor at the University of Granada (Spain). He has participated at countless national and international conferences and has published over 120 papers on seismology, volcanology and geophysics in national and international journals. In 2008-2013 he was Director of the INGV-OE. Currently he is a member of the Committee Grandi Rischi (Volcanic sector) of the National Department of Civil Defence.*

e-mail: domenico.patane@ingv.it

Mirella Turco è una scrittrice. Laureata in Scienze Politiche è esperta in politiche e relazioni internazionali.

Mirella Turco *is a writer. She is graduated in Political Science and expert in political and international relations.*

e-mail: mirellaturco@yahoo.it

Boris Behncke è un vulcanologo, ricercatore dell'Osservatorio Etneo dell'Istituto Nazionale di Geofisica e Vulcanologia. Ha partecipato a numerosi convegni nazionali e internazionali e ha pubblicato più di 60 lavori di vulcanologia su riviste nazionali e internazionali. Dal 2014 fa parte della commissione di comunicazione dell'INGV.

Boris Behncke *is a volcanologist and researcher of the Observatory Etneo - National Institute of Geophysics and Volcanology (Italy). He has participated at numerous national and international conferences and has published over 60 papers on volcanology in national and international journals. Since 2014, has been part of the commission for communication at the INGV.*

e-mail: boris.behncke@ingv.it